ちくま文庫

悪魔が憐れむ歌

暗黒映画入門

高橋ヨシキ

筑摩書房

文庫版まえがき

無限に連続するグレーのスペクトラムの中で、何もかもが揺蕩っている。
人間の精神の、魂の、営為のすべてが、そのような形でしか存在し得ないということを、まずは認めるところから始めなければならない。

拙著『悪魔が憐れむ歌』の初版が刊行されたのは二〇一三年のことだが、収録されている原稿の執筆時期は二〇〇一年から二〇一三年までと、かなり開きがある。その多くは『映画秘宝』に掲載されたものだ。その後、版元の洋泉社が親会社の宝島社に吸収合併されるのに伴って『映画秘宝』は休刊となったわけだが（二〇二〇年一月）、驚くべき僥倖というべきか、その三ヶ月後に双葉社から復刊され、現在に至る。この度『悪魔が憐れむ歌』の文庫版を刊行できることになったのは、洋泉社の消滅に伴って単行本の権利が著者へと還元されたためである（『悪魔が憐れむ歌』シリーズについては、かねてより文庫化を打診していたのだが、洋泉社が難色を示していたせいでこれまで実現しなかったのだ)。今回の文庫版は、そうしたいささか奇妙な経緯で実現したのだが、刊行を快く引き受けてくださった筑摩書房にまずは謝辞を述べさせていただきたい。

単行本『悪魔が憐れむ歌』が世に出た二〇一二年から、すでに八年の歳月が過ぎた(二〇二一年現在)。その間、世の中はすさまじい勢いで腐敗し堕落し、世界的なレベルで白痴化が手に負えないレベルにまで進行した。このような物言いは乱暴で尊大に聞こえるかもしれないが、「本当のことだから仕方がない」。とどめにコロナウイルスによるパンデミックも発生し、今なおその猛威はとどまるところを知らない。

しかしながら「世の中がすさまじい勢いで腐敗し堕落する中、自分たちはその惨状を前にただただ悲嘆に暮れるばかり」というのは、おそろしく古典的な世界の捉え方だということを今一度想起する必要がある。このような慨嘆は常に「それ以前」に存在した(はずの)「黄金時代」というフィクションを前提としており、むしろ退廃的である。そこでは「いま、ここ」を引き受ける主体性が、覚悟が、責任が無みされているからだ。突きつけられた「いま、ここ」がどれほど惨憺たるものであったとしても、それと正面から対峙しないのであれば、人間の実存そのものが毀損され、意味そのものが失われる。『ゾンビ』のような優れた作品は、そのような荒廃をいわば審美的に描いたものだということができる。

『世界残酷物語』で知られるグアルティエロ・ヤコペッティは情熱的に「いま、ここ」をフィルムに焼き付けることに取り組んだ映画作家である。『世界残酷物語』の原題「Mondo Cane」はイタリア語の慣用句で、「やれやれ、なんてこった!」という意味だ(ニュアンス的には英語の「Damn」に近い)。ヤコペッティは世界を飛び回ってエクストリームな人間の営為を撮りため、それを編集して一本の映画に仕立て上げた。写し取られているのは、野蛮と文明とを問わず、人間存在と切り離すことのできない残酷と愚かしさである。公開された『世界残酷物語』は世界的な大ヒットとなった。「いま、ここ」のショッキングな「現実」をシニカルなナレーションでまとめ上げた映像を前に人々は「やれやれ、なんてこった!」と頭を振るしかなかった。ヤコペッティのモンド映画術には古典的な博物誌を思わせるところがある。そこには観察者の視点があり、興行師的なショーマンシップがあり、かつての衛生博覧会とも通じるいかがわしさの愉悦がある。しかし博物誌や見世物と異なり、提示されていたのはまぎれもない現実世界における「いま、ここ」だった。映画というメディアが持つ「越境を可能にする力」をヤコペッティはよく理解していた。その「越境」は概念的なものである。だが、概念の転倒をもたらしたのはモンド映画の華ともいうべき露悪的で赤裸々な映像――ではなかった。集積された映像の羅列が全体として「いま、ここ」の感覚を強烈に増幅することが重要であり、断片としての映像は全体の印象に奉仕するものでしかない。その意味においてヤコペッティのモンド映画の組み立て方には劇映画と通底するものがあり、であればこそ彼が「再現映像」をそうと断ることなしに挿入することに躊躇しなかった理由もおのずと見えてくる。ヤコペッティの主眼は「いま、ここ」との繋がりを観客のうちに回復することにあり、「いま、ここ」が生の真実である以上、個々のフラグメントの真偽が（ヤコペッティにとって）問題となろうはずもなかったのだ。

その後モンド映画が廃れていった過程については本文に譲るが、モンド映画の衰退に伴ってモンド的な視点が失われてしまったのはつくづく残念なことだ。こんにち隆盛を誇るドキュメンタリー映画は一様に、己こそが「いま、ここ」を映像で捉えたものだと主張してやまない。ドキュメンタリーにおいてフラグメントの「真実性」が観客との信頼関係において重要であることは論を俟たないが、「やれやれ、なんてこった！」という、いわば文学的な余韻を生み出す余裕をドキュメンタリー映画に見出すことは少なくなった。ぼくはここで、懐古の念に基づいてヤコペッティ的なモンド映画を称揚しようとしているわけではない。本質をまったく異にしていたにも関わらずモンド映画がドキュメンタリーを装っていたことは事実であり、その点においてモンド映画に対する批判には正当性がある。ただ、「真実か虚構か」という「分かりやすい」区分がモンド映画を評価する唯一にして最適な指標かといえば、そんなことは決して無いと断言できる。「分かりやすさ」がしばしば暴力的であり、本質への接近を阻むものであるということについては常に警戒しておく必要がある……耐え難い粗雑さが大手を振る世の中ではなおさらのことだ。このような最悪な時代にあって、複雑さや繊細さをないがしろにしないこと、すなわち知的に誠実な態度の持つ重要性が風前の灯火のように感じられることも多い。だがいかに怠惰と不誠実の嵐が吹き荒れようが、物事の本質に接近したいという、人間にとって根本的な希求の念を消し去ることはできないだろう（このことを再び『ゾンビ』のアナロジーで語ることも可能である。世の中のほとんどの問題は『ゾンビ』を通じて説明することができる）。

初版の「あとがき」にも書いたように、『悪魔が憐れむ歌』はぼくにとって最初の映画評集であると同時に、当時のぼくの魂が発した呪詛としての、あるいは異議申し立てとしての側面も強い。取り上げた作品の多くは周縁的であり、「いかがわしい」。しかしそれは（しばしば誤解されるように）正統的で「メジャー」なものに対するルサンチマンに由来するわけではない。周縁的で「いかがわしい」ものでしか表現し得ないものが存在するというだけのことだ。トランスグレッシヴでコントロヴァーシャルな作品にはそれ自体として一定の価値があるとぼくは信じるし、そういうものに触れたときの「やれやれ、なんてこった!」という感覚を別のなにものかによって代替することはできない。飲み込みづらく、受け入れがたい作品は人を狼狽させるので、反射的に「分かりやすい」指標に頼るのは仕方のないことかもしれない。しかしそこで、なぜ自分がそこまで狼狽「させられて」しまうのか、その構造について考えてみることはきわめて重要なはずだ。人間の情動は快・不快の感覚だけに集約され得るものではないし、一見自然に思える「快・不快」の感覚ですら条件づけられた結果でしかない可能性がある。硬直した思考の外側に存在する、自由で楽しく「いかがわしい」喜びを否定してしまったら、人生はよほど味気ないものになってしまうだろう。

今回の文庫化にあたっては、すべての原稿を改めて読み直した上で、くだくだしい言い回しや稚拙で無神経な表現など、改めるべきところは改めた。不必要に攻撃的な言い回しや、愚かで露悪的な物言いについても適宜修正を行った(虚勢を張っていただけのことで、実にお恥ずかしい話である)。とはいえ、そういう修正はあくまで修辞的な部分にとどまるもので、内容については一切変更を加えていない。今となっては幼稚に思える論旨であっても、そのときの自分が自分なりに考えて書いたものであることは間違いなく、かつ、多少の揺らぎはあっても、その幼稚さは今の自分にも引き継がれているに違いないからだ。一定の幼稚さを伴わない限り発することのできない言葉というものもある。

暗く、野蛮で、「いかがわしい」映画の世界に今もなおぼくは魅了され続けている。その不穏な魅力をわずかでも本書を通じて伝えることができるとすれば嬉しく思う。映画が終わり、場内が明るくなるとき、「一体、今目にしたものは何だったんだ？」という愕然たる思いを胸に「やれやれ、なんてこった……」と頭を振るとき、あなたが手にしているのは豊かさそのものなのである。ヘイルサタン。

高橋ヨシキ

二〇二〇年一二月二八日

No. 00　まえがき　にっこり笑ってやり過ごせ！

つまるところぼくは絶え間なくショックを受けていたいのだ。

優れたショック表現に出会うとアドレナリンが体内を駆け巡り、鼓動は早まり、全身の毛穴が収縮して、瞳孔は見開かれる。感覚が研ぎ澄まされて、身体も精神も一種の臨戦状態になる。

そしてそれはショック「表現」でなくてはならない。危険なスポーツや絶叫マシンによるアドレナリンの狂騒をぼくは否定するものではないが、ショック表現がもたらす戦慄はそれと違って、もともと危うい我々の存在をさらにぐらつかせる、いわく言いがたい何か――何者か――が顔を見せたことによるものだ。ふだんは完全に気配を消して、無意識の底に沈んでいた何かがむっくりと頭をもたげるその瞬間、理性や道徳、法や正義、それに善悪の境界線といったご大層なお題目の数々ははるか彼岸のがらくたと化す。宙ぶらりんになった自我の足元には巨大な虚無がぽっかりと口を開けている。

というか、産み落とされた瞬間から我々は常にそういう状況にあって、それが改善される見込みは一切ない。その事実を認めるのがあまりにもおそろしいため、自ら目を閉じ、耳をふさいで知らないふりを続けてきただけだ。ショック表現は暴力的に我々の首根っこをつかんで、いちばん見たくない場所へと目を向けさせる。

確固たるものだと思ってきた世界は、いかさまに過ぎなかった。

瞬間的にであれ、この堪え難い事実を非情なまでに突きつけてくる、という意味でショック表現にはきわめて重要な価値がある。絶望の野蛮な手触りだけが伝え得る真実というものもある。

では我々は絶望のただ中で悲嘆にくれて過ごすしかないのだろうか？

まったく逆だ。

そうではなく、絶望と恐怖という新しい友人を得たと思えばいいのである。

彼らと楽しくやっていくコツだってある。笑うことだ。ショック表現がしばしば笑いを誘うのは巷間言われるように「行き過ぎたショックから自我を守るため」ではない。黒い哄笑は一種の決意表明で、そこに込められたメッセージは「俺はそれでもまだここにいる」というものだ。絶望や恐怖と同じように、確固として揺るぎなく。

映画館には光の明滅がもたらす幻影以外なにもない。その空虚な暗闇でシートに身を沈め、安っぽいショック描写を眺めて存在の儚さを思うとき、自分の顔に笑みが広がるのがはっきりとわかる。
俺はまだここにいるからだ。

注：「にっこり笑ってやり過ごせ！」は『ツイン・ピークス』第二シーズン十一話で、デヴィッド・リンチ自身が演じたＦＢＩ地方主任ゴードン・コールがクーパー捜査官に言った台詞。
原語は「Let a smile be your umbrella.」で、これは一九二七年に発表された同題のポップ・ソングの引用。一九五七年にビング・クロスビーが歌ったバージョンが有名。

悪魔が憐れむ歌　暗黒映画入門【目次】

第一章　この野蛮なる世界 This Violent World

第二章 ポップ・アンド・バイオレンス
Pop & Violence

第三章　不健康な精神
Unwholesome Spirits

悪魔が憐れむ歌

暗黒映画入門

本文デザイン　田中秀幸（Double Trigger）

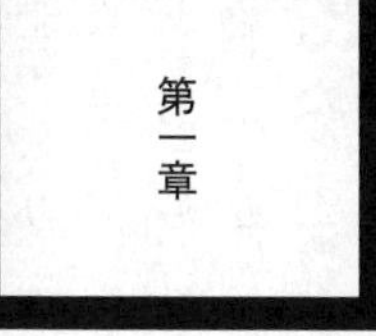

第一章

This Violent World

この野蛮なる世界

No. 1　犬の世界

時代が二十一世紀になり、有人火星探査までもが現実味を帯びてきた現在。我々はかつて夢見た近未来を生きているといっても過言ではない。しかし、交通手段が発達し、国際化が進んだと言っても、ほとんどの人は自分の生まれた国から外へ出ずに一生を終えている（海外旅行が身近になったといっても、それは一部の国の一部の人にとってでしかない）。また、たとえ海外旅行をしたとしても、そこで目にするのは大抵が観光名所であり、それらについては実は事前にメディアを通して知っているので、実物を目にしてさえ「わあ、テレビで観たのと同じだ」などとトンチンカンな反応を示す人もいる。観光化が進んだ場所になると世界中どこへ行っても同じ系列のホテルがあり、同じブランドのショップがあり、同じレストランのチェーンがある。

つまり現在、海外旅行が一部で盛んになったとはいえ、それに反比例して異文化を目にした時の興奮や衝撃は薄くなっている。

かつて世界は謎と神秘に満ちていた。大航海時代よりはるか以前、それこそギリシャ時代から人々は海の向こうの見知らぬ国に思いを馳せ、冒険家や船乗りの見聞記に心をときめかせ、危険を冒して運ばれてきた珍奇な動物やエキゾチックなみやげ物に群がった。見聞記はやがて絵入りの詳細なものになり（画家の想像力が多分に加味されていたケースがほとんどだ。ヤラセのはしりである）、絵は写真になった。十九世紀末にはヨーロッパからアフリカまで名所旧跡の数々、あるいは日本、あるいは南方の未開の島などの風景・装束を写真にしたポストカードがヨーロッパの人々にもてはやされた。エキゾチズムへのあこがれとこわいもの見たさ、そして肌もあらわな「土人娘」を前提とした助平根性。これらの渇望すべてを満たしてくれるものがこうしたポストカードだったのである。

そして映画が発明され、ポストカードは動く映像になった。当時一般に「アクチュアリティ（＝ドキュメンタリー）」と呼ばれた短編映画では好んで世界の秘境をとりあげ、同時に大都会の風景やナイトライフ、文明の脅威などが題材として人気を博した。ヤラセもかなりあったが、誰も気にしなかった、という以前に気づかなかった。

ところで、ドキュメンタリー映画というと必ずヤラセ問題が浮上してくるが、カメラを抱えたクルーが生活に割り込んできた時点でヤラセは始まってしまうので（カメラやスタッフを意識しない人がいるとしたら、目が見えないか、頭がおかしい)、映像とヤラセは切っても切れない関係にあるといえる。『地獄の黙示録』で、ベトナムに上陸した兵士に叫ぶTV局のディレクターの叫びを覚えているだろうか。「カメラを見ないで！カメラがないふりをしろ！」(演じていたのはコッポラ監督自身)。この問題を解消するのがいわゆる隠しカメラの手法で、シネマ・ヴェリテやキノ・プラウダと呼ばれるものがそれに当たる。驚くべきことに、大不況以前の「アクチュアリティ」の中に、もう既に隠しカメラの手法を使ったものがあるらしい。

さて、そのころ帝国主義はまだまだ健在だったし、文明＝西欧文明という図式は揺るぎないものだったので、秘境を扱ったドキュメンタリー映画にみられるこうした南洋／「土人」愛好趣味は大手を振ってまかり通っていた。『ナショナル・ジオグラフィック』を始めとする雑誌も秘境情報の宝庫だったし、劇映画でもエキゾチズムは重要なフックとして機能していた(今もそうである)。もちろん日本もこうした好奇の目にさらされていた東洋の秘境だったことは言うまでもない。

だがその後、映画の中心は劇映画となり、ハリウッドのスターが銀幕の主人公の座を奪った。ドキュメンタリーはニュース映画に姿を変え、本編上映前の添え物に身をやつした。ところで、ニュース映画というと戦争プロパガンダが取り上げられることが多いが、そうしたニュースの間に、まったくの気休めとしてほのぼのしたニュース(消防士が木から降りられなくなった猫を助けたとか）が挿入されていたことは重要である。劇映画と同様、ドキュメンタリーやニュース映画にも心和むひとときは必要なのだ。

『ヤコペッティの世界残酷物語』

一九六二年、カンヌで華々しくそのデビューを飾った『ヤコペッティの世界残酷物語』（以下『世界残酷物語』）は、西欧世界（および、自分以外の有色人種を蔑視することにかけては白人にひけをとらなかった日本の人々）に大きな衝撃を持って迎えられた。なぜなら科学技術の発展や共産主義対自由主義といったトピックが大きな関心事だった時代に、「同時代のこととして（＝アクチュアリティ）」牛の首をはねるネパールの奇習だの、ニューギニアの穴居人だのを持ち込んだからである。どこか十九世紀的な、件のポストカードを思わせるようなノスタルジー。ヤコペッティはそれを過去のものとしてではなく、まったく同時代のこととしてスクリーンに叩きつけたのだ。しかも総天然色で。

ヤコペッティのやり方、のちに「モンド映画」というジャンルとして知られることになるショックメンタリーの手法は、言ってみれば先に挙げた十九世紀末のポストカードあるいは「アクチュアリティ」の集積だ。多くのネタを次から次へとつるべ打ちにして、

観客を驚異の世界に叩きこむのがヤコペッティの狙いであり、それをまとめあげるのはセンチメンタルなテーマ曲と、シニカルなナレーションだ。かつてのニュース映画同様、合間にほのぼのとしたシーン、あるいは心洗われる楽園の風景といった休憩ポイントを入れるのもヤコペッティは忘れなかった。さらに彼の天才が発揮されたのは組み合わせの妙であり、「犬つながり」、「葬式つながり」、「奇習つながり」と、「つながり重視」の流れるような編集で観客を飽きさせない。後を追って凡百のモンド映画が製作されたが、その中にあってヤコペッティ作品が群を抜いたクオリティを誇るのは、ひとえにこうした構成の巧みさと緩急自在なリズム感による。

ところで、このような「モンド映画術」は確かにヤコペッティが映画界にもたらしたものではあるが、それには元ネタがある。『世界残酷物語』からさかのぼること七年、一九五四年に世に出たレヴィ＝ストロースの著書『悲しき熱帯』がそれだ。構造主義だ文化人類学だイヤ構造人類学だ、という話はさておき、『悲しき熱帯』には、ブラジルの「土人」をダシにした、言葉の本来の意味での「ヤコペッティ的な」（ヤコペッティの方が後だが、こう言った方がわかりやすい）モンド本としての側面があった。レヴィ＝ストロースは学術書を文学のように描き、ヤコペッティはドキュメンタリーを劇映画のように撮った。レヴィ＝ストロースの「ブリコラージュ」、砕いていうと「なんとなく集めておいた、お互いに関係のない事象を並べたとき、そこに思いもよらない構造が生まれる」という方法論は、ヤコペッティがモンド映画で確立した方法と全く同じである。さらに『悲しき熱帯』ではたびたび常識とそうでないものの見方を対置させておいて、どっちの結論も採用しない、という方法論がとられているが、ヤコペッティの姿勢もこれに通じるものがある。『悲しき熱帯』は「土人」趣味が炸裂していたこともあってベストセラーになったが、ヤコペッティがこれを読んで影響を受けたであろうことは想像に難くない。ちなみにレヴィ＝ストロースは先の「ブリコラージュ」＝事象の寄せ集めとそこに生じる構造、それこそが神話の始まりなのではないか、と論を進めるわけだが、ヤコペッティの一連の作品にも神話を思わせるところがある、と言ったら言い過ぎだろうか。見終わるといつも、いかにそれがヤラセ演出の詰まった作品と知っていても、なんとなく厳粛な気持ちにさせられてしまうのはヤコペッティ映画に共通する後味である。

『世界残酷物語』に登場するトピック（ネタ）は、大きく三つに分けることができる。エキゾチックな奇習（日本、中国、またイタリアの奇祭などもここに含まれる）、文明国の堕落（ハンブルクの酔っぱらい、引退老人のハワイ観光など）、そして環境破壊。

映画は原題『MONDO CANE（犬の世界）』の通り、保健所で死を待つ犬の悲痛な叫び声で幕を開ける。同じ犬でも中国で皮を剝がれて食卓に供されるものがある一方、愛されたペットとして、死後に手厚く葬られるものもいる、という、題名と直結したトピックは映画全体を象徴するもので、ヤコペッティ流の諸行無常感を鮮烈に印象付ける。

また、このシーンで「食事としての犬」がとりあげられているのは偶然ではなく、『世界残酷物語』を貫く裏テーマ「食べ物はどこから来るか」を端的に示してもいる。現代社会では、食料（特に肉）は製品化され、コマ切れにされた状態で家庭にやってくる。屠殺とそれにまつわる情報はタブーとなっている。『世界残酷物語』の有名なシーンにグルカ族の牛の首切りとアフリカ奥地の豚殺し祭りがあるが、これらの残酷に眉をひそめる権利は我々にはない。ほとんどの人が日常的に食べている牛や豚も、同じように殺されて食品となるわけで、これらのシーンには「残酷だなどとは言わせない！」というヤコペッティの強い意志が感じ取れるのである。他にも行くところまで行ったゲテモノ・グルメ（メインディッシュは虫）、シンガポールの蛇料理など、食事にまつわるネタは多い。もちろん食事は全人類に共通の限りなく身近な問題であるため、ヤコペッティはこれを通じて観客とショック映像の橋渡しをすることに成功したのである。

ところで、公開当時から「ヤラセ・ドキュメンタリー」というありがたくない呼称をつけられて、いかがわしい、ヤラセ映像ばかりの作品というイメージが強い『世界残酷物語』だが、今見返してみるとそれらのヤラセシーン（特にヤラセだとハッキリ分かるシーン）がすべて映画のテーマであるところの絶望感・悲壮感を引き立たせるためになされた演出であることがよく分かる。悪名高い、原爆実験で方向感覚を失ったウミガメが内陸部でひっくり返って死んでゆくシーンを、ぼくは涙なしに見ることができない。誰かがひっくり返したんだろうとか、どうせ後で食ったんだろうとか言うのは簡単だが、瀕死のカメが必死にヒレを動かして周囲の水鳥を追い払おうとする様子、仰向けになったカメの頭が事切れてゆっくりとのけぞるカットなどは、重厚なテーマ曲ともあ

いまって感動的である。また重要なのは「核実験は生態系に取り返しのつかない悪影響を与える」というメッセージであり（これには誰もが頷くことであろう）、その言わんとするところは、いかにカメの死が演出されたものであっても十分伝わるのである。というよりむしろ、演出されたものであったからこそ観るものの胸に突き刺さるイメージがそこに生まれた。公開当時は太平洋上で無神経な水爆実験が繰り返されていた時期でもあった。

ほかにも驚異のカーゴ・カルト（飛行機を理解できず、先祖の霊が贈り物を飛行機に載せて届けようとしていると信じる「土人」たち）、人食いサメの口にウニを詰め込んで復讐する東南アジアの漁師たちなど、ヤラセ疑惑が濃厚なネタは数多いが、根底に横たわるメッセージ、そして無常感は公開から三十年が経過した現在もまったく色あせていない。

『ヤコペッティの世界女族物語』

『ヤコペッティの世界女族物語』は、『世界残酷物語』の翌年、一九六三年に公開された。当時は全世界的に「女」がホットなトピックとなりつつあった時代であり、ヤコペッティは大衆の好奇心を実にいいタイミングで突いた。良き妻・母・主婦であることが

美徳とされた五〇年代とうって変わって、六〇年代は女たちが自身の言葉をもち、女性解放運動が盛んになっていた過渡期である。そのまっただ中で製作された『世界女族物語』でも、『世界残酷物語』で確立されたヤコペッティのモンド手法、すなわち先進国と野蛮の対比、そこから生まれる鋭い文明批判は健在だ。極端な事例をチクッと皮肉ってみせる独特のナレーションも相変わらずである。見逃せないのは日本をとりあげた数々のトピックで、ダイエットにはげむ女、整形して美人になろうと奮闘する女、ヌード撮影会に殺到する親父など、現代の日本とまったく同じシチュエーションが次々と登場するのには本当に驚かされる。ほかにもピーリング美容、夢見がちなタレント志望者、さらに尊属殺人に手を染める女など、ここで（特に文明社会のシーンで）描かれている「女」にまつわるトピックの多くは、今なお古びていない。その題名からキワモノっぽく思

われることの多い『世界女族物語』だが、こうして見るとヤコペッティの慧眼にただただ圧倒されるばかりだ。そこには時代を超えた真実が映し出されている。

『ヤコペッティの続・世界残酷物語』

未開の地の奇習や動物を扱ったトピックが多かった『世界残酷物語』に対し、『ヤコペッティの続・世界残酷物語』でヤコペッティはアメリカをメインに文明社会をその毒牙にかけ、先進国の歪んだ部分をクローズアップして見せた。イタリアやスペインの奇祭が多く収録されているのも今回の特徴だが（予算をケチったのかもしれない）、経済大国アメリカを「なんでもお金に換えることのできる売春婦みたいな国」というイメージで切り取っているのがいかにもイタリア人ヤコペッティらしい。ハワイで観光客が体験できる泥パックがいくら、若い娘とのキスが一回いくら、葬儀屋の料金はいくらで、ペットの犬用の宝飾品がいくら、と値段を羅列して（たいていそれは極端に高かったり、もしくは安かったりする）庶民的な観客の目玉を飛び出させようという趣向である。食事と同様、お金も人の生活とは切っても切り離せないので、これまた映像をグッと身近に感じさせるのに効果的だった。

『世界残酷物語』『世界女族物語』がすでに公開され、全世界でヒット記録を打ち立てていたこともあってか『続・世界残酷物語』は前作よりかなり強気な部分が目立つ。前作で犬の残酷シーンが問題になったイギリスに対して「今度の犬の残酷シーン（生体実験）は、イギリスの現実、それでも上映禁止にするのか」といきなりケンカを売るシーンがあるのには驚かされる。言うまでもなく、その生体実験のシーンが本物なのか、あるいは場所が本当にイギリスなのか、などというのは些末なことだ。問題は世界中でひどい目に遭っている犬がいる、というところにある（ヤコペッティ的には）。

「扇情的なペーパーバックの表紙撮影スタジオ」のシーンは、誰もがヤラセだと気づく大掛かりなシーンだ。ずらりと並んだ写真スタジオには、それぞれ中世の拷問小屋、アラブのハーレム、近代的な手術室、あるいは囚人の座る電気椅子などが用意されており、そこでは次から次へとセッティングを変えながらニセの残酷シーンの撮影が行われている。編集もユーモラスなら音楽もアップテンポで観ていて楽しいシーンだが、このシーンにもヤコペッティのしたたかさが如実に表れている。前作でさんざんヤラセを叩かれたヤコペッティだが、本当の取材、本当の紀行（一部は本当に命がけだったはずだ）を重ねて作り上げた『世界残酷物語』を、ヤラセ部分のみを理由に批判されたわけで、これはさぞかし無念だったと思われる。だが、転んでもただでは起きないヤコペッティは、このペーパーバック表紙撮影のシーンに二重、三重の罠を用意した。まず「本当のヤラセは、スタジオで安全に行われている（＝自分は世界中で実際に取材した）」と主張、

セットや衣装をあからさまにウソっぽく描くことで、「しかし、スタジオでできる事の限界なんて、所詮すぐ分かってしまう（＝自分の映画に登場する「土人」などはすべて本物である）」ということを示唆する。さらに、それ全体が演出である、という舞台裏まで見せて「ヤラセというのは、ここまでやって初めてヤラセなのだ（＝自分はヤラセにかけても一流だが、すぐわかるような稚拙なヤラセはこうやってわざと分かるようにしか見せない）」という結論を導いているわけだ。だが、そんなことを言うためにわざわざヤコペッティはこのシーンを入れたのだろうか。否。ここであからさまなヤラセを見た観客は、残りの真に迫った再現シーンへの判断力を失ってしまうのである。

実に食えない。実のところ『続・世界残酷物語』最大のショックシーン、サイゴンでの僧侶の焼身自殺シーンは巧妙にセッティングされた再現なのだが（これに関してはデヴィッド・ケレケス、デヴィッド・スレイターの共著『キリング・フォー・カルチャー』

に詳しい）先にヤラセの手の内を見せてもらって安心した観客は、これを額面通りの真実のショックシーンと受け取ってしまう（それを差し引いても異様に出来の良い再現シーンであることは疑う余地がないが）。とはいえ一九六三年に僧侶が焼身自殺したのは本当であり、ヤコペッティはその衝撃シーンを通して、信念のためなら死をもった抗議をもいとわない、計り知れない人間の精神力への驚嘆の思い、圧政に屈しない精神を観客と共有しようとしているのだ。それは「明らかにこれはヤラセではない」と思わせることによってのみ達成されるわけで、わざとヤラセのシーンを分かりやすく入れているのがいかに戦略的だったかが分かろうというものである。「あれはヤラセ、これもヤラセ」などと批判をしていた連中は、実はヤコペッティの手のひらで踊らされていたのだ。

『ヤコペッティのさらばアフリカ』

ヤコペッティのモンド映画術は『ヤコペッティのさらばアフリカ』でその頂点を迎える。動乱期のアフリカに一大ロケを敢行し、自らの命を危険にさらしながら製作した『さらばアフリカ』は、その臨場感、残酷さ、衝撃度どれをとってもケタ違いの重厚な映画である。しかし、あまりにも過激な内容のため『さらばアフリカ』は世界中で物議をかもし、おまけにあろうことかヤコペッティ自身が「ヤラセのために処刑を依頼し

た」と嫌疑までかけられる羽目となった。裁判の結果は無罪だったが、精魂こめて作り上げた映画がカットされ、いわれなき糾弾を受け、釈明会見に追われたヤコペッティは疲れ果てた。また『世界残酷物語』『世界女族物語』『続・世界残酷物語』『さらばアフリカ』と続けて製作してきたヤコペッティは、もはや普通のモンド映画では満足し得なくなってきていた。手法も内容も、行き着くところまでやってしまったからである。

『さらばアフリカ』はパワフルな作品だ。アフリカのみに焦点を絞ったという意味では、先に書いたモンド映画の定義「世界各地から集めたトピックを羅列して見せる」とは趣を異にする、「混迷期のアフリカを舞台にした（モンド映画より真面目な）ドキュメンタリー」だと言ってもいいぐらいである。

一九六〇年代、アフリカは長きに渡る植民地支配からついに脱却した。次々と独立し、独自の政権を打ち立てる国々。政情はきわめて不安定で、部族同士の戦闘、虐殺、リンチが横行、アフリカは文字通り暗黒と混乱の大陸と化していた。そこへ乗り込んだヤコペッティは実際に生命の危機に直面したり、先にあげた殺人幇助の嫌疑をかけられたりしながらも撮影を敢行、熱い空気がムンムンと渦まく濃厚なモンド映画を作り上げた。

特筆すべきは、今までいくら俗悪だ残酷だと言われていても、正面切って人間の死体や殺傷シーンを描かなかったヤコペッティが、この作品ではあからさまな暴力、さらには本当の処刑シーンを白日の下にさらしたことだ。人が死ぬシーン、というとモンド映画の世界では『グレートハンティング／地上最後の残酷』の人間がライオンに食い殺されるシーンおよび人間狩りのシーン（どちらもヤラセである。念のため）がその衝撃度の高さから有名だが、『さらばアフリカ』はそれより十年近くも前の作品であり、しかもそこに描かれた死（の一部）は明らかに本物だった。

加えて『さらばアフリカ』は、それ以前のヤコペッティの三作品と比べても格段に残酷度が高い。部族闘争で切り取られ、集められた人間の腕の山（呪術的な意味合いがある）、腐乱死体がところ狭しと浮かぶ河、死体だらけの町。あるいは狩りで何十本と槍を突き立てられ、断末魔の叫びをあげる子象。同様に針山同然になるまで槍を食らうカバの親子。明らかに今までのヤコペッティ作品とは違うトーンがこの映画を支配している。キレた、と言ってもいい。それは、観客を楽しませよう、楽しませようとしてきたにもかかわらず、ヤラセがあるというだけで非難を浴びたヤコペッティの怒りだったのかもしれないし、眼前で繰り広げられるアフリカの残酷絵巻に愕然としたヤコペッティの、人間の愚かしさに対する怒りであるのかもしれない。とにかく言えることは、『さらばアフリカ』はエンターテイメントとしてのモンド映画の枠を超えた、真の残酷ドキュメントだということである。今までの作品に見られた、息抜きになるような「ほのぼのシーン」も極端に少ない上に、前後の残酷場面が強烈すぎてほとんど機能していない。

『ヤコペッティの残酷大陸』

『さらばアフリカ』から五年後、満を持して登場した野心作が『ヤコペッティの残酷大陸』だ。

『残酷大陸』は多くの意味で真にユニークな作品である。ドキュメンタリー風と称される劇映画は多くあるが、その意味合いは「手持ちカメラで撮影した」、「照明を使っていない」、「長回しで俳優にアドリブをやらせた」といった技法から来る「テイスト」の範疇にとどまる。これに反して、『残酷大陸』ではドキュメンタリー映画（＝モンド映画）の手法が徹底的になぞられる。十八世紀のアメリカを舞台に黒人奴隷の歴史を描いた『残酷大陸』の冒頭は、なんと撮影隊のヘリコプターが南部の農園に着陸するところから始まる（ヘリ自体は映らない。カメラマンが乗っているんだから当然である）。続けて、まったくそれが当然であるかのようにカメラが歴史上の人物に向けられ、インタビュアー（も映らないが）は彼らに質問を投げかけ始める。撮影されている人たちは常に、まるで現代人がテレビカメラに反応するかのようにカメラを意識してしゃべる。見せたくないものがあるときはレンズを手で覆って撮影隊を追い返す。ヤコペッティはそれまで培ったモンド映画のやり方を、そっくり『残酷大陸』にあてはめたのである。そうすることによって、感傷的なムード、お涙頂戴のいやらしさが画面から追放された。そこにあるのは残酷きわまりない史実を、あくまでも淡々ととらえた驚くべき映像だ。この映画を製作するにあたってヤコペッティはリサーチを徹底、リアリティを出すために歴史的な建物（実際に当時使われていたもの）でロケーションを敢行、さらに「先祖が奴隷にあたる」黒人をかき集めて撮影に臨んだ。白人も同様に、たとえ素人でも「かつての農場主の子孫にあたる」人物をキャスティングした。こうして集めた大量のエキストラを投入し、当時の文献に従って状況を忠実に再現した結果、圧倒的なリアリティがもたらされることになった。

しかし『残酷大陸』は単なる史実の再現にとどまらない。映画後半の反逆奴隷のシーンは、リアリティを無視して現代を舞台に描かれており、それが実は黒人青年が読んでいた本の内容だった、ということがわかる。『世界女族物語』当時に女性解放運動がホットであったように、『残酷大陸』直前は黒人による公民権運動の嵐が吹き荒れ、マル

コムX、そしてキング牧師の死をきっかけに全米で黒人による暴動が相次いだ時期だった。二百年前の黒人奴隷の反乱と当時の黒人暴動は根を同じくする問題で、元凶は奴隷制だ。ヤコペッティは時空を自在に操って、歴史と現代を交錯させることで、無神経なユーロセントリズムを痛烈に批判しているのである。

『残酷大陸』も、続く『ヤコペッティの大残酷』も、歴史をテーマにして「モンド映画の手法で作られた」劇映画だった。『さらばアフリカ』を最後に、ヤコペッティはモンド映画の世界を去る。それは究極の残酷ドキュメントとも言える『さらばアフリカ』を撮ってしまったヤコペッティにとって、いわば当然の帰結だったのかもしれない。実際『さらばアフリカ』以降、本当の死や肉体の切断などを派手に売り物にしたモンド映画は何本も作られたが

（例・『ジャンク』『カランバ』など）、どれも『さらばアフリカ』の衝撃にはまったく及ばなかった。もちろん『さらばアフリカ』にもヤラセはある。有名なところでは、延々と並ぶ大量の死体を空撮でとらえたシーンがヤラセだった（腕まくらしているバカがいるのでばれた）ほか、動物保護地区を守るレンジャーの秘密基地が明らかにセットだったりもする。

だが、それを知ったところで何だというのだろう。民族闘争の現場を盗撮していたヤコペッティたちクルーが荒れ狂う暴徒に発見され、車から引きずり出されているシーンがあるが（これも今までのヤコペッティ映画にはなかった、掟破りの衝撃シーンである）、『さらばアフリカ』自体、このシーンのように、いわゆるモンド映画を期待して観に来た観客の首根っこをつかまえて、絶望的な現実をつきつける作品なのである。

ヤコペッティの映画は、ヤラセ以外にも多くの批判を浴びた。いわく「ナレーションが人種差別的」「男尊女卑があからさま」「白人の視点からしかものを見ていない」エトセトラ、エトセトラ。たしかに、観ていて思わず苦笑してしまう場面も多い。だがヤコペッティは白人だし、彼がモンド映画を生み出した六〇年代は、リベラルな主張が産声をあげつつあったとはいえ、依然として男尊女卑や男女差別は根強く残っていた。彼なりのやり方で「女性性」を讃え、未開の人々を愚かな文明人と並べることで、本質的に

（愚かである、という点において）人間なんてあまり代わり映えのしないものなのだ、と達観していたのがヤコペッティだった。

問題は、それから三十年もたった現代でさえ相変わらず人種差別が横行し、恥知らずにも男尊女卑をあからさまに表明する男が後を絶たない、という現実だ。

モンド映画はその後、ヤコペッティ的なエンターテインメントとはかけ離れた残酷一本やりの形態へとシフトしながら八〇年代なかばまで生きながらえた。だが、やがて実際の事故や死体ばかりを集めたビデオがレンタル屋に並ぶようになるのと時期を同じくして、こうしたモンド映画、ショックメンタリー映画は映画館から姿を消す。

だがモンド映画の手法、そして魂は場所をテレビに移して連綿と生き残った。世界のおもしろビデオを集めた番組、大災害を集めた番組、夜の街が舞台のルポ、警察官の日常をつづったドキュメンタリー。ある時はワイドショー、またある時はニュース番組、はたまたクイズ番組、といった違いはあっても、こうしたテレビ番組のほとんどはヤコペッティの生み出したモンド・ドキュメンタリーの枠の中にすっぽりと収まるのである。

『ヤコペッティの大残酷』

『残酷大陸』ののち、ヤコペッティはかねてより温めていた企画に着手する。ヴォルテ

ールの小説『カンディード』の映画化である。性善説の青年に理不尽な暴力と残酷が情け容赦なく襲いかかる、という内容はまさにヤコペッティの世界観を代弁するものだ。『残酷大陸』のやり方をさらに推し進めたヤコペッティは、『大残酷』でも時代を軽々と飛び越え「時代は変わってもいつも残酷が存在する」)、世界の無常を描いてみせた。しかし『大残酷』は製作がスタートしたものの資金が底をついてスケールが縮小され、また興行成績もふるわなかったため、落胆したヤコペッティは『大残酷』を最後に映画界を去った。その後は好きな世界旅行をしながら悠々自適の生活を送ったヤコペッティ。新たな対立と、終わらない残酷に満ちた現在をモンド映画の巨匠はどんな気持ちで眺めていたのだろうか。

No. 2 ヤコペッティ　インタビュー

一九七四年の『大残酷』を最後にヤコペッティは映画界を去った。一部では死亡説さえまことしやかにささやかれていたが、今回、二十年間、どのメディアにも登場しなかったヤコペッティ御大へのインタビューが実現した。

トスカーナ地方オルベテッロは、ローマから車で二時間ほど北上したところにある、こぢんまりとした町だ。小さな広場がいくつもあり、それをとり囲むように古びた建物が並ぶ様は典型的なイタリアの田舎町といった風情である。八十二歳になるヤコペッティは、この小さな町に隠居して静かに余生を過ごしていた。アメリカ同時多発テロの衝撃さめやらぬ二〇〇一年十月初頭の昼下がり、筆者はこの町に立っていた。強い日差しが広場の石畳に反射してまぶしい。表札に「グァルティエロ・ヤコペッティ」の文字がある。このドアの向こうに、全世界を股にかけて衝撃の瞬間をカメラにおさめてきたモンド映画の神様が住んでいる、と思うとベルを押す指先が震えた。ドアが開く。そこには笑みをたたえつつも、眼光鋭い老人が立っていた。ヤコペッティ！

「ボンジョルノ。日本からわざわざ来てくれたそうで、ありがとう。待っていたよ」

雑誌『エスプレッソ』で記者をしていたことがある、「夜もの」ドキュメンタリー映画の脚本を書いていたことがある……。断片的な情報は数あれど、ヤコペッティの過去の詳しい経歴はほとんど紹介されたことがない。どうして映画業界に入ることになったのか、そしてなぜ『世界残酷物語』を撮ることになったのか。

「私は生まれながらのジャーナリストだと思っている。ジャーナリストというのは自ら選んでなるものではなく、生まれついてのものだといっていい。私は昔から好奇心が強いたちで、今自分が生きている時代、あるいは生命の神秘といったものに常に強い関心を抱いて育った。ジャーナリストとしてのキャリアは、高校・大学時代にトスカーナの新聞社でバイトしていたのが最初。その時の給料は学資にしていた。その後、二十五歳の時に新聞『コリエレ・デッラ・セーラ』で仕事を始め、やがてローマに呼ばれて週間ニュース映画のナレーションを吹き込む仕事についた。横柄な政治家の態度を茶化したナレーションをわざと入れたりしていたのを覚えている。政治を風刺して楽しんでたんだな。

次に私は『クロナケ』という新聞を立ち上げた。これはリベラルでタブーに挑戦した新聞で、非キリスト教民主系初の新聞だったこともあって全国的に話題になった。というのも、当時のイタリアはまだまだ古い社会で、たとえば新聞紙上で「離婚」とか「愛人」とかいう単語を書くことすらタブーだったのだが、『クロナケ』はそこを突破したからだ。その『クロナケ』編集部の若い連中が別に作った雑誌が『エスプレッソ』だよ。『エスプレッソ』では精力的に仕事に取り組んだ。

そうするうちに私は映画にたどり着いた。映画式ジャーナリズムの世界に。私はアレッサンドロ・ブラゼッティに頼まれて、彼が企画していた映画『ヨーロッパの夜』の脚本を担当した。脚本だけでなく、世界中で撮影もした。そしてその時、全然知られていないけれども、ひとたびスクリーンに映したら観客の興味をとらえて離さない、そういうものがあると気づいたのだ。演技ではない本物の映像。我々西欧の人間とはまったく異なる慣習を持つ人々の真実の映像。誰も知らないからこそ、それは究極のショーとして成立するのではないか。ブラゼッティの「夜もの」映画はナイトクラブのシーンが中心だった。が、そんなものよりずっと面白い世界があるのに、これを映画にしないでどうする！　私は映画製作も手がけていた大手出版社に自分の企画を持ち込み、ゴーサインが出た。こうしてできあがった映画が『世界残酷物語』だった。撮影隊の人数も少なかったし、機材も粗末なものだったが『世界残酷物語』は世界中で大ヒットし、その後の私のキャリアの出発点となった」

ヤコペッティのドキュメンタリー映画に特徴的なのはそのシニカルでユーモラスなナレーションだ。ピリッと毒の効いたナレーションは、彼の作品を一山いくらのモンド映画と決定的に違うものにしている。

「私の映画のナレーションは、まさに私自身だといえる。幸い、私にはユーモアのセンスというものがある。それがあるからこそ、到底耐えられないようなシーン、「最悪だ」と言われるような場面も観客に受け入れられたのだと思う。世の中のことは、それがいかに最悪な出来事であれ、最悪なりの理由があり、それは受け入れなくてはならない。そもそも我々の主観的な判断はいつも正しいとは限らず、何が最悪、何は最善と最初から決めてかかるのは事実の勝手な歪曲へとつながる。私のナレーションはよくシニカルだといわれるが、私に言わせればあれは皮肉ではなく、アンチ・レトリックだ。決まり文句、紋切り型の文章といったものは大嫌いだ。常識も然り。人から突っ込まれるのを恐れて、とりあえず世間的に正しいとされていることを言っておくことに何の意味があるのか。

『世界残酷物語』をはじめとする私の映画のナレーションは私の個性であり、それは私自身の世界や事象のとらえ方でもある。これは、かつてずっと印刷媒体で私がやっていたのと同じことだ。特派員として記事を書いていた時も、映画のナレーションを書く時も、そのトーンは常に同じ、私自身の声だ」

『世界残酷物語』の登場は衝撃的だった。その後、こうしたドキュメンタリー映画、あるいはショックメンタリー映画は、『世界残酷物語』にちなんで「モンド映画」と呼ばれることになる。やがて、モンド映画はテレビの世界に移行、テレビのニュース、ワイドショー、クイズ、報道特番など、あらゆる種類の番組が彼の手法を受け継いでいった。

「うーん、手前味噌で尊大な感じに聞こえると嫌なんだが、私の映画は、映像で作る、新しいタイプのジャーナリズムの発火点となる運命だったんだろう。現代のジャーナリズムに映像は欠かせないものだし、それを分かりやすくするためにナレーションが入る。重要なのは素材で、時と場合によっては撮影したままの素材を、ナレーションを加えずに見せたほうが好ましい場合もある。だが、私が映画を撮っていた当時のテレビでは、アナウンサーが出てきて「こういう事件が起きました」としゃべるだけだった。テレビは事件の瞬間を見せることのできる素晴らしいメディアであるにもかかわらずだ。現在主流の、特派員が現場から中継したり、撮影隊が現場に直行したり、という形式を最初に取り込んだのは私だ。テレビではなく映画だったが。映画でも長編のドキュメンタリーはまだなかった。そういう時代に、私の作ったドキュメンタリー映画は大反響を呼んだ。劇映画なみに収益をあげたことで、私の考えの正しさを示すことができたと思う。現実の事件以上にエキサイティングな出来事はない、ということをね。

ニューヨークの世界貿易センタービル。あの事件を「テレビで観ていて、てっきり作り物だと思った」という人は多い。あれを現実だと受け入れるのは難しかったが、しかし本当に起こったことだと理解した時、世界は震撼し、集団的な感情が燃え上がった。これこそが現実の事件の持つ力で、それを記録する、というところに意味がある。

私の映画がその後に与えた影響を考える時、満足できる点があるとすれば、それは事実の持つ重み、「ショーとして」の情報の重要性をみんなが理解するようになったことだ。情報は、人々の興味をかきたて好奇心をそそるものでなくてはならない。何か事件が起きた時に、その出来事の魅力がどこにあるのか、それを発見するのはジャーナリストの仕事なのだ。

ところで『続・世界残酷物語』は私の映画ではない。というのも、あれは私が撮りためておいたフィルムを使って、私が不在の時に（注：当時、ヤコペッティは自動車事故で入院していた）勝手に製作された作品であり、私が撮っていないシーンも多く入っている。だいたい、「続」などとつけて二匹目のドジョウを狙うような真似を私はしたくない。『世界女族物語』は確かに私の作品だが、『続・世界残酷物語』は違う。頼まれたのでナレーションは書いたし、私の撮影したフィルムも使われてはいるが、自分の作品とは認めていない。『世界残酷物語』と『さらばアフリカ』は誇りを持って自分のドキュメンタリー映画だと言えるが、『続』は別ものと考えている」

ヤコペッティの映画は徹底した現場主義でも知られる。「行った、見た、撮った」ことから生まれる映像の迫力は、観る者を惹きつけてやまない。

「ジャーナリストなら誰でも、例えば戦争中のベトナムへ行って撮影をしたいとか、そういう思いを抱くものだ。現実の事件は一瞬のもので、すぐに過ぎ去ってしまい、そうなると二度とその場面に出会うことはできなくなってしまう。そこに飛んで行ってありのままを撮影するのがジャーナリストの手法だ。

私は自分のことを映画監督だと思ったことはない。むしろ、映画という手段を用いるジャーナリストだと思っている。私は自分の仕事の道具として映画を選び、タイプライターの代わりにフィルムを使った。

ハリウッド製の劇映画はフィクションの世界で、私の作品とはまったくかけ離れている。シネマはファンタジーの世界を作り上げるものだが、ジャーナリズムは「作る」ものではなく、好奇心に応え、疑問に回答を与え

るものだ。シネマでは失敗したら撮り直せるし、場面を何度でも再現することができるが、ジャーナリズムにそれはできない。『地獄の黙示録』のような作品は、いくら真に迫って見えてもすべて作り物だし、現実らしく再現したフィクションに過ぎない」

　ヤコペッティの映画は公開当時から、「ヤラセ・ドキュメンタリー」との批判を多く受けてきた。ことに『さらばアフリカ』の公開時には、「撮影のために処刑を依頼した」という風評まで流れ、イタリアでは裁判沙汰にもなった。本人を前にして、この質問をするのには抵抗があったが、今聞かなくてどうする！　おそるおそる尋ねると、ヤコペッティはあくまでもにこやかに答えてくれた。

「ヤラセについて、か。構わないよ。むしろ喜んでお答えしたい。確かにそういう点を指摘した評論はあった。映画を面白くし、完成度を上げるためにシーンをねつ造した、と。私の考えを先に言うと、前提として、私の映画はジャーナリズムだ、ということがある。たとえば新聞の事件写真にはキャプションがつくが、それと同じように、ドキュメンタリー映画にそういう要素があっても構わないはずだ。重要なのは、実際の現場に居合わせていることであり、私の映画でヤラセといわれるシーンは、言ってみれば事件の記者が、その翌日、タイプライターに向かって現場写真のキャプションを構成するようなものだと言える。また、物理的な問題として、起こった事件のすべてを取材し尽くし、撮影し尽くすことが不可能なのはお分かりいただけると思う。そういった場合、たとえば『さらばアフリカ』では内戦の現場で撮影を行ったわけだが、そこでアップのカットだの、切り返しのカットだのを撮影しておくことは不可能だった。だから、全体が分かるようなメインのショットを撮影しておき、足りない部分は翌日に撮って補ったり、また、兵士や犠牲者のアップも別の日に撮影したりした。こうやって集めた素材を組み合わせて物語ることによって、初めて内戦全体のイメージを描くことができる。つまり、ヤラセと言われているシーンは、必要な場面、しかも、私が実際現場にいて、目にしたシーンのうち、その瞬間に撮影できなかった部分を再現したもので、これについてはやましいところはまったくないし、否定したこともない。自分が現場に居合わせなかった事件をでっちあげたことは一度もない。現場に居合わせたことで幾度も命の危険にさらされたことはあるがね。映画の完成度を高める上でこれはまったく当たり前のことだし、私はそうすることにより、物語の語り部を務めることができた。そこに何ら問題はない。

『さらばアフリカ』を作った時は、政治的な思惑がからんで悪意ある攻撃を多く受けたものだ。同時代のヨーロッパ人は『さらばアフリカ』に極端な反応を示した。ファシズムの映画だと言われ、人種差別の映画だと言われ、パルチザンまがいのことをやっていると言われ……。思いつく限りの文句で『さらばアフリカ』は批判され、攻撃された。それまでの経歴や言動もあって、私の政治的な立場は最悪だった。しかし、私はアフリカでその時に起きていた真実をありのままに世界に示そうと思ったし、無修正のまま映画を公開しようと尽力した。よく覚えているが、『さらばアフリカ』を擁護するために、私は世界中で七六回も記者会見をした。この映画は、神秘の大陸の植民地時代から民族自決の時代への変遷を通して、その悲劇、貴重な民族の記録を映像に残したもので、歴史的にも興味深いものができたと信じていたからだ。私は『さらばアフリカ』は今日においてなおアフリカの真実を表現していると思っている。このドキュメンタリーがなければ、歴史のページから消し去られていたであろうものが『さらばアフリカ』には写っている。本作をとりあげて私のことを人種差別主義者だというのは全く見当違いも甚だしいが、事実、私はそのレッテルを貼られて吊るし上げられた。実際は、私を弾劾しようとした連中の方がずっと人種差別的だったというのに！

ドイツのベルリンで『さらばアフリカ』について記者会見をした時、面白いことがあった。会場には年配の記者が多くいたのだが、その中にひとり、アフリカ人の若者が混じっていた。彼は、きちんとした身なりで私の正面に座っていた。この男は自分が利口だと思っていて、次から次へと他の年配の記者の質問をさえぎっては、自分の質問ばかりを並べ立てた。その質問がまた、分かり切った、どうでもいいような内容のものばかりだったんだが、他の記者たちは抗議もせずに彼の勝手を黙認していた。だから私は言ってやったのさ。「おやおや、ここにいるのは人種差別主義者ばかりのようですな。この紳士が黒人なものだから、言いたいことも言わずに黙ってるんでしょう」とね。

そう、当時、黒人の話題は踏み絵のようなところがあった。「私は人種差別主義者ではない」と声高に主張しないといけない、そうでないとまともな現代人とは見られない、そんなムードが世界を支配していて、そのためには嘘もいとわないような連中が多くいた。実にくだらない世の中だったが、それが時代の空気だった。そんな中、私は必死になって『さらばアフリカ』を守るために闘うことを余儀なくされた。あろうことか、アフリカで起きた大虐殺の罪にまで問われたがね。皮肉なことに、私が創刊した雑誌『エスプレッソ』が私を告発しさえした。おまけに告発した編集者というのは私が許可を与えてアフリカでの撮影に同行させてやった人物だった。スクープが欲しい、と言うから協力したのに、まったく仁義にもとる。彼の告発内容というのもひどかった。たとえば「コンゴ軍はヤコペッティの指示で動いている。その証拠に、雨が降ったら戦闘はしない。殺人のシーンはすべて撮影に適した晴れの日に起きているじゃないか」とか。まったくのデタラメだ。逆に、我々撮影隊は何人もの現地人の命を助けてさえいたんだ。何にせよ大虐殺の罪で私は起訴され、フィルムは没収された。

しかし、その時の検事は好意的な人物で、彼のおかげで逮捕は免れた。彼は私にアフリカに戻ることを許可し、反対証拠として撮影隊が人命を救ったことを証明するものを見つけてこいと言った。そこで、撮影隊の一部を連れて私はふたたびアフリカに戻り、一ヶ月かかって反対証言をしてくれる証人を見つけてきた。最終的には裁判所も納得、大虐殺の指揮をとったなどという事実はない、ということが証明されて、私は釈放された。しかし、以前「ヤコペッティは殺人者！」と一面で書き立てたイタリアの左翼新聞どもは、釈放の記事はごく小さく、それも最後のページにしか載せなかった。そうした事情もあって、潔白が証明されたにもかかわらず、私が『さらばアフリカ』の撮影中に殺人に関係していたという噂は消えなかった。

ところで、当時の撮影が本当に想像を絶する過酷さだったことは言っておかなくてはならない。移動手段もろくにないアフリカで、スタッフはみな何十キロもの機材を背負って撮影に挑んだ。照明も発電機も大掛かりなものが必要だったし、フィルムの感度はわずかＡＳＡ30。今はＡＳＡ２００以上で撮影できるし、何よりデジタルカメラだったら照明もなしにきれいな画を撮ることができる。小型のデジタルカメラは五〇〇グラムもないはずだ。想像しにくいかもしれないが、当時我々が使っていた一〇〇〇ミリの望遠レンズは重量がおよそ一トンもあった。巨大な三脚に、鉄の台座。何かを追いかけて撮影しよう、という時にはこうした機材が常に足かせとなった。今であれば小さな機材でフットワークも軽く、より多くの素材を簡単に集めることができるだろう。我々の機材は鈍重だったが、可能な限り良いシーンを撮影し得たと思う」

『さらばアフリカ』の後に発表された『残酷大陸』は非常に特殊な作品だ。アメリカの奴隷制を壮大なスケールで描いたこの映画は、モンド映画の手法（インタビュー、手持ちカメラ、隠し撮り……。ナレーションやスタッフの声も入る）を使って撮られた「劇映画」だからだ。膨大な数の黒人奴隷、リアルそのものの南部の町並み。他に類をみないオリジナルな作品はどうやって生まれたのか。

「『残酷大陸』は『さらばアフリカ』で事実ねつ造の嫌疑がかけられていた時に、意識的にすべてをヤラセ調にして製作した作品だ。私たち撮影隊が、時空を超えて二百年前のアメリカに行く。冒頭のシーンでは、十八世

紀末のアメリカに、私の撮影隊がヘリコプターで到着する。観客は取材班と一緒になって、アメリカにおける奴隷制度の実態を目にすることになる。この映画では奴隷制度についての当時の考え方を示すことによって、その理由の解説も試みている。今でこそ人間を捕まえてきて奴隷として使う、などというのは信じられないことだが、当時の教会は黒人には魂があると認めていなかった。だからこそ、あんなに恐ろしい残酷がまかり通っていたのだ。加えて、当時の経済事情や文明の程度などもその状況を後押しするものであった。こうしたことをうまく表現するために、私は「歴史へのインタビュー」とでもいうべき手法を使ったので、そういう意味でこれはフィクションだが、奴隷制に関する再現ドキュメンタリー

でもある。『さらばアフリカ』を非難するような連中も、この映画を告発することはできない。なぜならフィクションだからだ。しかし、奴隷制という人類史上の重大事件をより分かりやすく表現するのに、ドキュメンタリーを装った手段は有効だったと言えるだろう。多分に実験的な要素を含んでいる映画でもある。

ちなみに『残酷大陸』はフィクションだったので役者を使うこともできたが、私は素人をあえて使うことにした。映画に登場するアメリカ南部の白人、それに奴隷などは実際にそこに住んで暮らしている人々で、かつての農場主、あるいは奴隷の子孫にあたる人たちだ。それは画面にリアリティをもたせるのに十分役立ったと思う。アメリカ人はみな驚くほど芸達者だった。素晴らしかったね。また、映画の奴隷農場や家などもすべて現存する本物で、そこに住む人を使って撮影した。こうやって血のつながった人物、実際の建物を使うことによって得られた効果は計り知れない」

『残酷大陸』をも超える野心作、『大残酷』を最後にヤコペッティは映画界を去った。その後、ヤコペッティの名前を聞くことは皆無となり、二十年の時が経った。

「『大残酷』はヴォルテールの小説『カンディード』の現代版だ。世の中の不条理を鋭く描いたこの小説の映画化を、かねてよりやってみたいと思っていた。『残酷大陸』を終えた私は機が熟したと思い実行に移したが、これが無謀な賭けになるということも分かっていた。というのも『カンディード』はかつて五回映画化されてすべて失敗。興行的にも惨憺たる結果だったからだ。だが、当時の私にはこの無謀なプロジェクトを実現するに足る信頼があり、気力も十分だったので映画化にとりかかった。『大残酷』では、今までのようにプロデュース・撮影・ロケハンなどのすべてに私が関わるやり方をやめて、それぞれ別のスタッフに任せたのだが、これが失敗の元だった。撮影隊には失望させられたし、プロデューサーの資金は撮影半ばで底をついてしまった。それでもなんとか完成させなければならなかったので、私は思っていたことの半分も実現できないまま、むりやり作品の形にせざるを得なかった。これには大変失望させられたし、悔しかった。全力をあげて取り組んだ『大残酷』がこのような結果に終わった挫折感に私は打ちひしがれた。さらに、当時のイタリアでは映画作りが政治に利用されており、左派寄りの映画ばかりが作られて、私にとっては大変居心地の悪い状態になっていた。そこで今までの映画で稼いだ金もあったし、私はいったん映画作りから手を引いて、しばらく休んだ方が良いと判断した。よもや、その休みがこんなに続くことになるとは思わなかったがね」

「日本には三回行ったことがあるが、大変親切で丁寧、礼儀を重んじて客人を気遣う国だという印象を持っている。日本には素晴らしい思い出がある。日本人の慎み深さには感銘を受けたし、その点で日本はイタリアより遥かに優れていると思う。また、日本の人々は外国の知識に貪欲で、我々が日本を理解しようとするよりもずっと、我々について知ろうとしてくれた。私は日本を理解しようと努めたが、それはむしろ感嘆して眺めていたようなものだったといえるかもしれない。もっと理解できるようになる機会があれば喜ばしいことだが……しかしもう時間がないかもしれないな。いずれにせよ、今の日本はかつての日本とは変わってしまっているだろう。イタリアも変わったし、日本も変わった。世界中が変わってしまった。それが良いことか悪いことかはともかくとして、いずれにせよ、わずかな年月で世界はがらりとその姿を変えてしまった。

私の世代は、激変の時代を目の当たりにすることができた。十八世紀や十九世紀、世界はそれほど大きく変わることはなく、人間は常にひとつのモラルや慣習に従って生きていた。私が生まれた時、テレビはもちろんなかったし、月は頭上に輝いて恋人たちをロマンチックに照らす天体に過ぎなかった。私には妹がいたが、当時はヨーロッパの都会といえども、十九や二十の娘が一人で出歩くようなことはできなかったものだ。昔のほうが良かったこともあるし、そうでないこともある。すべて変わる。しかし、世界はありのまま、運命として受け入れるものじゃないかね。そう思うよ」

実際に会ったヤコペッティ監督は、とても八十二歳とは思えないエネルギッシュな老人だった。彼の家には、世界各地の民芸品、撮影中の記念写真などが誇らしげに飾られており、その一つ一つに思い出が沢山詰まっていた。中には日本のこけしもあった。さらに「日本といえば、こんな写真があるよ」と、三船敏郎と並んで撮った写真を、懐かしそうに出してきてくれた。

ヤコペッティは旅行好きだが、中でもタイがお気に入りでマリーナ付きの別荘も持っているとのこと。「また日本にも行けたらよいのだが」首を振りながらヤコペッティはこう言った。

「きっと昔とはまるで変わってしまったんだろうな」

No.3 モンド映画と『ザ・コーヴ』

『ザ・コーヴ』は久方ぶりに劇場公開されるはずだったショッキング・ドキュメンタリーだ。この映画を「反日映画」などといって事足れりとする人々は、あまりに映画史についての素養が欠落している。

映画はその誕生の瞬間から、まだ見ぬ世界の不思議を伝えてきた。

戦前は南洋や北極といった極地の奇習を、そして戦後は世界各国で行われる残酷な現実を、映画はあくまで「興行」として我々に提示してきた。入江が赤く血に染まる風景を「衝撃的」と評する者もいる。しかし、それ以上に残酷な現実を命がけで撮影し、それこそ『ザ・コーヴ』二十本分を優に越えるネタを流麗な音楽と共に映画館で上映していた時代があった。

映画における「見せ物としての死」についての優れた研究書『キリング・フォー・カルチャー』（フィルムアート社）は、モンド映画を明解に定義する。「衝撃的な映像を提供しようとするあまり、事実を伝えることが二の次になってしまっているドキュメンタリー」、それこそが「モンド映画」あるいは「ショックメンタリー」なのだと。

筆者に言わせれば、観客に「うわっ、ひどい！」と思わせる瞬間があるドキュメンタリー映画は、すべて「モンド映画」である。モンド映画では、ショッキングな映像はもちろんのこと、編集、ナレーション、音楽など、すべてが「うわっ、ひどい！」感を補強するために用いられる。観客の「残酷なもの、珍奇なもの、あるいは「土人」などが観たい！」という欲望に奉仕するモンド映画にあって、それは当然のこととも言える。

ここで、「モンド映画」についていま一度おさらいしておこう。モンド映画は一九六二年のヤコペッティ『世界残酷物語』を嚆矢とする、一連の扇情的なドキュメンタリー映画を指す。もちろん「モンド的な映画」はそれ以前からいくらでもあったのだが、原点にして頂点ともいえる『世界残酷物語』が、それ以降のモンド映画をスタイル的にもテーマ的にも牽引することとなった。モンド映画は別名「残酷ドキュメント」「ショックメンタリー」と呼ばれることもある。そのことからも分かる通り、内容は、世界中の残酷（人間や動物が死ぬ様子など）や、奇妙な風習（「土人」の割礼や周縁的な性の実態など）、また大自然の驚異といったもののごった煮である。YouTube全盛の今となっては想像がつきにくいかもしれないが、こういうショック映像集的なモンド映画を一目見るために、映画館に人々が大行列を作った時代があった。海外旅行がまだまだ高嶺の花だった、という時代背景もある。日本で海外旅行がごく身近になったのは、八〇年代も後半に入ってからのことだった。

『世界残酷物語』という邦題でヤコペッティの作品が大ヒットしたことから、モンド映画と「残酷」というキーワードは切っても切れないものになった。が、「モンド映画のゴッドファーザー」ことヤコペッティは、巷間いわれるように「残酷さ」のみを追求したわけではまったくなかった。雑誌記者出身のヤコペッティは、持ち前の皮肉な視点で、残酷さに満ちた世界をある種の諸行無常感をもって描いた。「中国の料理屋で調理されるのを待つ犬」とカットバックして「豪華な葬式をあげてもらい、その上、立派な墓まで建ててもらうアメリカの犬」が描かれるのはヤコペッティの真骨頂である。バランス感覚と言ってもいいし、両極端から人間の営みのバカバカしさに切り込んでいると言ってもいい。

ヤコペッティのモンド映画においては、テーマは「残酷」というよりむしろ「人間の限りない愚かさ」にある。重要なのは、ヤコペッティが「西洋人（文明人）」と「未開の部族（野蛮人）」を並列に扱っており、どちらが「より上」だという話にはしていないことだ。文明や未開といった垣根を越えて、人類は等しく愚かで残酷なものだなあ、やれやれ、なんてこった……という感覚こそ、ヤコペッティがもたらした「モンド的な視点」である。『世界残酷物語』の原題「Mondo Cane（直訳すると〝犬の世界〟）」は、「やれやれ、なんてこった……」という気分を表すイタリア語の慣用句でもある。

一方、ヤコペッティはショック映像に貪欲な作家でもあった。公開当時からヤラセ疑惑が声高に叫ばれ、「ドキュメンタリーの風上にも置けない」と非難されたヤコペッティ作品には、確かに数多くのヤラセ（ヤコペッティ本人はそれを「再現」と言う）が含まれていたし、ナレーションも事実に忠実とはとても言い難かった。つまり、一般に「ドキュメンタリー」という言葉からイメージするものと違って、ヤコペッティのモンド映画にはきわめて強烈な個性と主張があった。これを「結論ありき」というのはちょっと間違いで、――なぜなら結論は「やれやれ、なんてこった」なのだから――ヤコペッティの場合、主義主張のためではなく「映画をより魅力的に見せ」、「観客を熱狂させる」ためにヤラセなどのテクニックを投入していた。

この違いは重要である。ヤコペッティは特定のなにものかを糾弾しようとして作為的な映画作りをしていたわけではない。糾弾しようとしている相手がいるとすれば、それは人類そのものにほかならない。この傾向は、究極のモンド映画ともいえる『さらばアフリカ』において顕著だ。同作品にはいけ好かない密猟者、尊大な元・宗主国の白人、それに凶暴な現地住民などが次々と登場するにもかかわらず、その誰がどう悪いという話に帰結することはない。いろんな愚かな思惑が渦巻いた結果、アフリカ大陸はとんでもない残酷なことになっています！　われわれ撮影隊も殺されかけました！　やれやれ、なんてこった！　というのがヤコペッティの主張である（そんなものを主張と呼ぶかどうかは別としてだ）。このようなヤコペッティのシニカルさはナレーションにも遺憾なく発揮されており、監督本人も「私の映画でナレーションが果たす役割は大きい。だからすべて自分で書いている」と胸を張っている。ナレーションと音楽を抜きにした場合、『世界残酷物語』をはじめとするヤコペッティ映画の魅力の大部分は失われてしまうだろう。本人も自身の作家性を発揮するにあたって、個性あふれるナレーションが最も重要だということをよく分かっていた。ところが、後続のモンド映画製作者たちは、その部分を完全に履き違えてしまった。

ヤコペッティ以降、モンド映画は乱発された。独自取材を誇りにしていたヤコペッティはクルーを引き連れて実際に世界各地を飛び回った。が、目端のきくB級映画製作者たちはすぐさま、有り物のフッテージを使い回して同じような作品をでっち上げられることに気がついた。また、ヤコペッティの意図はどうあれ、世間的には「とにかくショッキングで残酷な映像が見られます！」と煽れば煽るだけ観客動員が見込めることもわかっていた。モンド映画は手っ取り早く作れて（なにしろ、独自に撮影する必要さえないのだ）、それなりの収益が見込める、またとない「金のなる木」だった。こうして、世界的なモンド映画ブームが始まり、同時にその凋落も始まった。

モンド映画ブーム最大の「売り」は、実際の人間の「死」と「人体破壊」である。ヤコペッティが注意深く、正面切って描くことを避けてきた（ごく一部の例外はある）究極のトピックが、あっという間にモンド映画の中心的な「売り」となった。

かくして、人間がライオンに食われ（『グレートハンティング』）、チンコを切り取られ（『魔界の大陸』）、電気椅子で焼かれ（『ジャンク』）、腕がもぎとられ（『カランバ』）、ビルから落ちて地面に激突したり（『ザ・ショックス』）、カメラの前で腕を切って公開自殺したり（『スーパージャンク2』）したあげく、モンド映画はかつての輝きを失い、いつしか単なる事故映像・死体映像を集めたアンソロジーのようなものに成り下がっていった。その後、カラーテレビが普及したことでモンド的な手法はその舞台をテレビに移し、「ショック映像100連発！」とか「カメラは観た！　決定的瞬間」といった番組がお茶の間を席巻するようになる。

結局のところ、モンド映画は「本当に」人間が死ぬ瞬間、もしくは破壊される瞬間を見世物にすることで、パンドラの箱を開けてしまったのだ。観客を呼び込むカンフル剤としての効果は確かにあったのだろうが、スナッフ的な方向へエスカレートするばかりの〝死と惨劇〟は、一般の観客を決定的に遠ざけてしまった。ヤコペッティ並の作家性を発揮したモンド映画作家も、ついぞ現れなかった（例外として、モンテ・カザッツァによる『スーパージャンク』『同2』を挙げたい誘惑にはかられるし、『ショッキング・アメリカ』や『モンド・ニューヨーク』など、文明国を主題としたモンド映画に意外な名作が多いことは指摘しておきたい）。

モンド映画は絶滅した。しかし、「モンド的な手法」は絶えることがなかったし、新世紀に入って登場した「ドキュメンタリー映画」にもその伝統は脈々と生きている。見ようによっては『ダーウィンの悪夢』も『皇帝ペンギン』も『靖国』も『いのちの食べかた』もモンド映画である。どれもショッキングな映像が売りで、「世界にはこんな残酷が実在する！」と謳っているからだ。『ザ・コーヴ』にしたって同じことだ。実際、「プロパガンダめいた悪質なドキュメンタリー」などという下馬評とは裏腹に、『ザ・コーヴ』はやや間延びしたモンド映画であり、別に「悪質」でもなんでもない。ハリボテの人体がバラバラにされるところを延々と見せて「どうです！　ひどいでしょう！　これはすべて事実です！」と言い張るモンド映画に比べて『ザ・コーヴ』はむしろ正直だし善良な映画である。

本作について撮影手法が違法だと怒る向きもあるが、ゲリラ撮影と盗撮とヤラセと皮肉の効いた編集はモンド映画の華だ。『ザ・コーヴ』の場合、そのうち二つ（ゲリラ撮影と盗撮）しかクリアしていないので、モンド映画としては物足りない。あるいはこう言ってもいい。「撮影の手段が違法だ」「被写体となった人の同意を得ていない」と批判をする人たちは、モンド映画、ドキュメンタリー映画のおそろしさを知らない、と。モンド・ドキュメンタリーは編集とナレーションで、同じ映像からまったく逆の結論・感情・印象へと観客を誘導することができる。ヤコペッティ映画のように、たとえヤラセとわかっていても、モンド映画のショックシーンはなおパワフルで、観客から強い感情的反応を引き出すものだ。だから撮影の違法性や被写体の人格権を盾にドキュメンタリーや『ザ・コーヴ』を非難するのは、実は危険きわまりないことでもある。そこをクリアしつつ、さらなる悪意を込めた映画を仕上げることなど（モンド映画製作者にとっては）たやすいことなのだ。いや、ナレーションすらなくても印象はいかようにでも操作できる。そんなことはフレデリック・ワイズマンのドキュメンタリー映画を観ればわたしたちどころに理解できる。ワイズマンの映画は被写体の同意を完全に得ており、一切のナレーションや音楽を排しているにもかかわらず、まったくもって意地悪で、場合によっては「もうやめてくれ！」と言いたくなるほど衝撃的だ。その点『ザ・コーヴ』はゲリラ撮影こそしてはいるものの、視点がぐらついている上に製作者がうぶなため、ショック

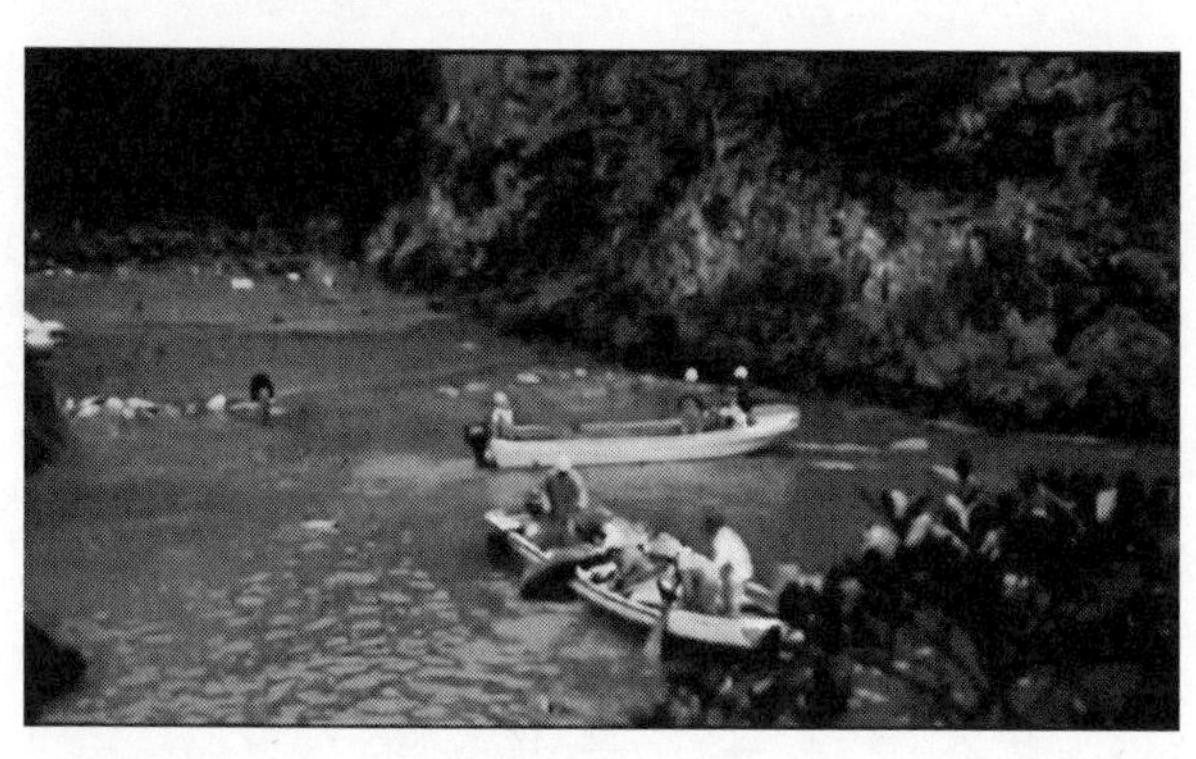

をショックとしてきちんと提示できていない。強調しておきたいが、『ザ・コーヴ』は言葉の真の意味において「悪意のドキュメンタリー」ではまったくない。ぼくはその点で『ザ・コーヴ』に大いに不満である。

モンド映画的にはいまいちな『ザ・コーヴ』だが、いくつか良い場面もある。ひとつはクライマックスでもある、イルカの血で真っ赤に染まった入江の全景を写した場面。おそらく色調を補正して赤を強調しているとは思うが、なかなかにショッキングな名場面である。ほかには……ほかにはあまり無かったかもしれない。そう、『ザ・コーヴ』はトピックの少なさも弱点だ。モンド映画だったらせめて十倍、できれば二十倍のショック・トピックが欲しいところ。これは最近のモンド風ドキュメンタリーほとんどに共通して言えることで、手法がモンド的なのにもかかわらず、モンド映画の根幹を成す「衝撃映像のつるべ打ち」感がまったく足りない。その点でも『ダーウィンの悪夢』などと比べて『ザ・コーヴ』は弱い。ヤコペッティの残酷モンド映画だったら、おそらく五分程度のトピックにしかならなかった内容を無理に伸ばした結果、『ザ・コーヴ』は上映時間の半分が事実上「メイキング・オブ・『ザ・コーヴ』」でしかない、といういびつな構造になっている。そんな時間があったら、別の国で別の動物が虐殺される場面をボンボン投入して、泣きのオーケストラ音楽をつけ、「どこへ行っても動物は人間の身勝手で殺され続けてばかりいるのである……やれやれ、なんてこった!」と言い放つべきであった。『ザ・コーヴ』は目先のイルカ殺しに夢中になったあげく、世界ではなく単一の題材へ猪突猛進してしまい、モンド映画ならではの魅力を失ってしまった。単一のトピックしか扱わないことの弊害は大きい。いくつもの残酷を並置することで得られる「世界は残酷に満ちているのだ!」という反論しようのないメッセージが失われてしまうからであり、逆に「イルカに残酷なことをしている連中(=日本人)はけしからん!」というナイーブな主張がクローズアップされてしまうからだ。が、そこまで直截に攻撃的になるわけにもいかないのが硬直化したドグマとしてのポリティカル・コレクトネス(政治的正しさ)に支配された現代社会というものである。結局、『ザ・コーヴ』の製作者たちは「イルカ漁は極めて残酷だが、そのことを知らずに鯨肉と偽ったイルカを食わされているる日本のみなさんも被害者なのです。イルカ漁師のみなさんもイルカの体内で濃縮された水銀を食べてしまっていて気の毒としか言いようがないです」などという、何が言いたいのかよく分からない上に腰が引けた主張をするしかなくなってしまった。

こんなどっちつかずの主張は批判派のいうような「プロパガンダ」にすらなっていない。何かを告発する意図をもったドキュメンタリー映画が、プロパガンダ的になるのはむしろ当然のことなのにもかかわらず、だ。「肖像権をないがしろにした撮影で得られたフッテージが、悪意あるプロパガンダに使われている」という批判は的外れだし、批判者はモンド映画の場合と同様、プロパガンダ映画の恐ろしさもわかっていない。童話を題材にしたアニメや、子供向きの道徳物語のような体裁の作品を使ってさえ、特定の集団あるいは人種を手ひどく攻撃するプロパガンダ映画は作れる。実際にナチスはそういう作品を次々と製作した。「こんなことは許せない！」と拳を振り上げずとも（『ザ・コーヴ』ではその拳でさえ、振り上げかけたと思ったらやめてしまっている）、プロパガンダはエンターテインメント作品や子供向けの教材にそっと忍び込ませることができる。「イルカ漁は残酷だと思います！」と大声で言ったところで、それを言ったら漁や狩りが本来的に残酷なことはさすがに観客も分かっているので（『グレートハンティング』や『さらばアフリカ』を観ればすぐに分かる）、単なる同語反復にしかならない。『ザ・コーヴ』がプロパガンダたりえていない理由はもうひとつあって、それは結論部の「いつか、世界中のイルカが幸せに解放されるといいよね……」という、願望とも感想ともつかない物言いの決定的な弱さだ。少なくともヤコペッティ的なモンド映画に、観客が一丸となって憎悪すべき「敵」は必要ではないが、プロパガンダ映画だったら「敵」は必要不可欠である。実際観る前は筆者も『ザ・コーヴ』が日本人や漁師を目の敵にしているのだろうと予想していた。しかるに『ザ・コーヴ』の優等生的な製作者たちは、「そんな日本のみなさんもむしろ被害者」などと余計かつ「政治的に正しい」視点を投入してしまったため、プロパガンダ映画的に観客を煽ることにも失敗してしまっている。『ザ・コーヴ』があまり面白くないのは、モンド映画にもプロパガンダ映画にもなりきれていないからだ。おまけに上映時間の半分以上は「撮影が大変でした」という、別にどうでもいい「メイキング」なので、モンドやプロパガンダを期待して観に行くとおおいに肩透かしを食らうのである。

結局のところ『ザ・コーヴ』は、世間で言われるように「日本人をコケにして攻撃する映画」になっていない。その悪意があれば、映画自体もっと面白くなっていたはずだ。はっきり言って『ザ・コーヴ』程度の映画で「日本人としての」自尊心が傷つけられるとしたら、ちょっと被害妄想が過ぎるのではないかと思う。ここまで見てきたように、『ザ・コーヴ』に「声高に日本人を攻撃しようという意図」はない。いや、当初はあったのかもしれないが、自ら課した「ポリティカル・コレクトネス」にがんじがらめになった結果、「イルカ漁を続ける日本への批判」が最終的にはうやむやにされてしまっている。実際に観てみると、『ザ・コーヴ』には不必要と思えるほど日本人への配慮が盛り込まれている。とにかくみんな被害者で、イルカも気の毒なら日本人も気の毒（なぜならイルカに含まれる水銀を食べさせられているからだというが、大きなお世話である）、イルカ漁師も気の毒……「公平」で「政治的に正しい」かもしれない視点が、『ザ・コーヴ』の主張を曖昧なものにしてしまった。モンド映画的に観客の感情を揺さぶることにも失敗している。

そんな『ザ・コーヴ』が、じゃあなぜアカデミー賞を獲って話題になったのか。アカデミー賞は、ほかの幾多の映画賞と同じく根回しやロビー活動がものを言うこともある（らしい）が、それは実際あったとしても大した問題ではない。問題なのは、モンド映画が廃れ、「ポリティカル・コレクトネス」が大手を振るようになった結果、映画自体からも観客の意識からも、「モンド映画的な世界観」が消え失せてしまったことにある。

世界はフェアではない、人間は残酷なものだ、愚行はこれからも繰り返される……というのが、モンド的な考え方だ。モンドな世界観は視界が広く、通史的でもある。なぜなら人類は歴史を通じてずっと残酷だったからで、モンド映画はその「どうしようもない現実」をずらりと並べた屋台のようなものだということができる。

『ザ・コーヴ』を含め、昨今の告発系ドキュメンタリー映画はモンド的な視点を失ったため、結論や打開策を性急に要求するあわただしい作品が増えた。観客もモンド感覚を失ってしまったため、『ザ・コーヴ』のようなナイーヴな作品の主張に対し、単に「うんうん、そうだよね、言ってることは正しいよね」と条件反射的な反応しかできなくなってしまった。大義名分としての「ポリティカル・コレクトネス」がある限り、そう「反応しなければいけない」ことになっているからだ。これが『ザ・コーヴ』や一連のマイケル・ムーア映画の高評価につながっていることは想像に難くない。高評価だけではない。これらの映画に反対し、目クジラを立てて抗議活動をする向きもナイーヴさでは引けをとらない。映画製作者側の「政治的正しさ」を批判する根拠が、結局のところ自らの「政治的正しさ」だけでしかないからだ。「うんうん、そうだよね」と「けしからん、絶対違う！」は方向性が違うだけで、同じ反応の仕方だ。まるで水掛け論の学級会議だ。ヤコペッティのモンドな世界観は嫌味で皮肉な大人の視線だったかもしれないが、体面としての「政治的正しさ」一本槍の幼稚さよりはずっとましだった。

モンド映画は世界の残酷を羅列することで人気を博したが、根底には「人間はまったく平等ではない。事実としてそうだ」という考えがあった。その上で、ヤコペッティは「人間が平等だとしたら、それは〝本質的に我々がみんな残酷だ〟という点においてのみだ」という無慈悲な真実を突きつけていた。この〈残酷世界観〉の前提となる、「人間は平等ではない」という考え方はもはや容認され得ない（それはそれで当然である）。だから見世物として世界各地の「土人」の奇習を紹介するようなモンド映画は、もはや製作することができなくなってしまった。「体面上の」ポリティカル・コレクトネスが広まるにつれて、(たとえ見世物要素が大きかったにしろ)かつては観ることのできた〝野蛮な〟人たちを映画で観ることができなくなり、結果として「我々も彼らも同じように残酷な人間なのだ」というメッセージを伝えることもできなくなってしまった。見せかけの平等が行き渡った結果、もっと本質的で最低レベルの共感が失われてしまったのだとしたら残念なことだ。やれやれ、なんてこった!

No.4 『カリギュラ』帝国(インペリアル)ヴァージョン

今なおバカ映画史に燦然と光り輝く『カリギュラ』。本作は『ペントハウス』創業者ボブ・グッチョーネが湯水のごとく大金を投じて、淫猥と狂乱の古代ローマを身も蓋もなくポルノとして映像化した脱力大作だ!

「インペリアル・エディション」では、オリジナル・ネガから起こしたデジタル・リマスター版のほか、グッチョーネがあとから付け加えたハードコア場面をカットして、ティント・ブラス監督の本来の意向にできる限り近づけたニュー・バージョンも収録される。この「なんちゃってディレクターズ・カット版」ではいくつかのカット場面も復活する模様。特典はマルコム・マクドウェルやヘレン・ミレンら出演者によるコメンタリー(!)のほか、『メイキング・オブ・カリギュラ』が二バージョン、監督およびキャストのインタビュー、さらにこれまで未公開だった撮影現場のスチルを含むフォトギャラリー、特製ブックレットなどが予定されている。加えて、グッチョーネのインタビューやゴア・ヴィダルのオリジナル脚本などを収録したDVD-ROMと、サウンドトラックCD（未発表の音源を含む）もついてくるわけで、まさに究極のバージョンと言えよう。

これまで「あんなポルノ映画になるとは知らなかった。知ってたら出なかった」などと言っていたマルコム・マクドウェルが一体どんなことをコメンタリーでしゃべっているのか？　メイキングには一体どんなとんでもない酒池肉林が映し出されているのか（現場は秘密主義に貫かれ、実際に乱交がそこら中で行われていたという噂も根強い）？　など興味がつきないこの「インペリアル・エディション」、日本版発売の予定はないが、何がなんでも手に入れたいものである。税関で引っかからなければの話だが……。

No.5 追悼ボブ・グッチョーネ

「なんだよ、イギリスには『プレイボーイ』みたいなエロ本はないわけ？　ダッセエな！」。アメリカから英国に渡り、新聞のマンガ描きで糊口をしのいでいた若きボブ・グッチョーネはあきれ果ててた。

一九六五年、グッチョーネは『プレイボーイ』の体裁をそっくり真似して、それをさらにえげつなく、下品にした雑誌『ペントハウス』を創刊。『プレイボーイ』の高級ぶった編集方針に「女のハダカで商売してるくせにお高くとまりやがって」と反感を持ったグッチョーネは独自路線で勝負に出た。『ペントハウス』は『プレイボーイ』が決して載せないおまんこ丸見え大開脚グラビアが売りだった。

『ペントハウス』は飛ぶように売れ、グッチョーネはみるみる大金持ちになった。家だろうが車だろうが女だろうが、欲しいものは何でも手に入れた。酒とバラの日々が続いた。ペントハウス社は事業を拡大、映画にも出資し始める。ポランスキーの『チャイナタウン』も、ジョン・シュレジンガーの『イナゴの日』もペントハウスから資金提供を受けている。

映画ビジネスに参入したことで、グッチョーネの中で何かが火花を散らした。「映画」の魔力がグッチョーネの心をとらえた。俺も映画やりたい！　それも、誰も観たことがないような、スッゲエ映画を！

グッチョーネのいう「スッゲエ映画」の方向性は、最初から決まっていた。超ウルトラ・メガ大作とハードコア・ポルノの合体である。映画界にはハードコア・ポルノの波が押し寄せていたが、どれも低予算のものばかりで、「映画」として評価もされていなかった。

そんな折、以前から親交のあったフランコ・ロッセリーニから聞かされたローマ皇帝カリギュラの物語にグッチョーネは魅了された。若くして世界を支配する力を得た男の、セックスと暴力に明け暮れた皇位三年間！　これしかない！

脚本はエキセントリックな天才ゴア・ヴィダルに依頼した。美術は二度のアカデミー賞に輝くダニロ・ドナティ。監督はいろいろあった末にティント・ブラスに決定。『クレオパトラ』が撮影されたローマのディア・スタジオに、六十四もの絢爛豪華な巨大セットが続々と建造された。主演は『時計じかけのオレンジ』で一世を風靡したマルコム・マクドウェル。ロイヤル・シェークスピア・カンパニーからはジョン・ギールグッ

ドとヘレン・ミレンを招聘。前帝ティベリウス役にはピーター・オトゥール、カリギュラ帝の妹ドルシラ役にテレサ・アン・サヴォイ。『カリギュラ』にグッチョーネは当時の為替レートで五〇億円を越す大金を注ぎ込んだ。公開までにかかった全費用は六六億円を越す。時代を考えると、まさに天文学的な数字だ。

製作は難航した。グッチョーネはゴア・ヴィダルとケンカして、ティント・ブラスとケンカして、誰も彼も追い出した。そして全員が訴訟しあう泥仕合が繰り広げられた。

ティント・ブラスは『カリギュラ』のほぼ全編を撮影し終わっていたが、自らのセンスに従って極度に豊満な女体をしつこくカメラで追ったりしたのがグッチョーネの逆鱗にふれた。ゴージャスなペントハウス・ペットがいくらでもいるのに、一体何でよりにもよっておかしなデブとか撮ってるんだ？　バッカじゃねえの？　グッチョーネにはブラスのアート志向などてんでお呼びではなかった。

グッチョーネは自分のビジョンを実現するため、少数のスタッフとエキストラを集めてセットに戻り、追加撮影を始めた。巨大な帝国公営娼館の大乱交シーンが五日間かけて撮影された。誰も彼もが全裸で、本当にセックスしていた。グッチョーネは局部をカメラで延々と追った。なんとしても『カリギュラ』はハードコア・ポルノ大作でなくてはならなかった。セックスと暴力を「オブラートに一切くるまない」というのがグッチョーネのビジョンのすべてだった。どこまでもあからさまで俗っぽいことを、大金かけてエラソーに見せてやるのだ。

編集者のヒュー・ラッセル・ロイドは、グッチョーネの追撮シーン（局部結合のアップ）をみて編集所を去った。くそ、じゃあ俺が編集してやる！　巨費を投じたメガ大作は、自主映画みたいなことになっていた（まあ自主映画なのだが）。『カリギュラ』はグッチョーネの個人映画と化した。いや、始めからそうだったのだ。欲望の赴くままに殺戮と乱交を繰り返した古代ローマの狂王はグッチョーネ自身だった。だからこそ、何がなんでも『カリギュラ』は完成させなくてはならなかった。

警察はネガを没収しようとした。テクニカラー社は現像を拒否した。なあに、何にだって裏道はある。グッチョーネはカネにあかせて『カリギュラ』を無理やり完成させた。MPAA（映倫）は無視することにした。となると普通の映画館では上映できない。グッチョーネはニューヨークの映画館を買い取って「ペントハウス劇場」に改名させた。

オレのカネで買ったオレの劇場でオレの映画をかけて何が悪い！

公開された『カリギュラ』はさんざんな言われようだったが、観客は映画館に殺到した。「あからさまな（＝ハードコア・ポルノ）セックス」と「限度を超えた暴力」を、金にあかせて金ピカに飾り立てた世紀の異色作『カリギュラ』。ボブ・グッチョーネの悪趣味と、強靭な（狂人な？）意志の力を我々は決して忘れない。こんな「スッゲエ映画」をありがとう、ボブ・グッチョーネ。あの世でさらなる超大作ポルノ史劇を撮ってください。

No. 6 『コーマン帝国』

ぼくは本当にロジャー・コーマンを尊敬している。もちろんロイド・カウフマンやサミュエル・Z・アーコフも尊敬しているが、コーマン先生はちょっと別格である。

ロジャー・コーマンという名前は『宇宙の7人』や『ピラニア』の製作を伝える記事で知った。当時すでにコーマンの名前には「B級映画の帝王」という冠が当たり前のようについていた。映画の本や雑誌を読み漁るうち、コーマンの伝説にはたびたび出会うことになった。いわく、「持ち込まれた映画は最初と最後のリールしか観ない」。「カーチェイスと爆発は、ストーリーと関係なかろうが強引にねじ込む」。「よそのセットが二日間空いていたので、その隙に映画を一本作ってしまった」。すべて本当のことだ。

ほかのエクスプロイテーション作家同様、コーマンも搾取しまくった。若者を搾取し、情熱を搾取し、観客を搾取した。しかし、一方でそれはサービス精神の表れでもあった。ロジャー・コーマンはとにかく最低限の予算で最高にお客が楽しめる映画を作ろうとし

てきたし、今でもそうしている。そんなコーマンの人生を切り取ったドキュメンタリー映画が『コーマン帝国』だ。東京国際映画祭での上映が終わると、万雷の拍手の中、はにかんだように客席を見渡すコーマンの姿があった。感動的な瞬間だった。

No.7 『デス・レース2000年』

いったい、『デス・レース2000年』より面白い映画が他にあるだろうか？　もちろんいくらでもあるだろう。だが、映画史上最もワイルドな映画の一本として『デス・レース2000年』は今なお光り輝いている。この映画にはある種の人間を惹きつけてやまない何かスペシャルなものがある。

西暦二〇〇〇年。全体主義国家と化したアメリカでは、大統領の肝入りで大陸横断レースが開催されていた。それが「デス・レース」。思い思いに改造を施した車でアメリカ大陸を横断しつつ、轢き殺した市民の数でポイントを競うという極悪非道なイベントである。

この過激なスポーツには、現行の政治体制から国民の目をそらすという目的があった。スター・ドライバーの〝フランケンシュタイン〟は顔をマスクで覆った怪人だが、それは過酷なレースで毎回ドライバーが死んでいることを隠すためだった。しかし今回の

〝フランケンシュタイン〟は密かに独裁体制打倒を目指す自由の戦士だった！

そんなこととは知らずギャングやナチ、カウガールなどそれぞれ個性的な殺人ドライバーが集結する中、ついに第二〇回（一九八〇年からやってたのか……）デス・レースの幕が切って落とされる！

「〝デス・レース〟のアイディアは私が思いついた」と、製作のロジャー・コーマンは胸を張る。「殺人レースとは我ながら良いアイディアだと思ったよ。ただ、〝デス・レース〟という題名だけだと、これが未来の話だとわからないだろう？　だからチャールズ・グリフィスに相談したら、〝じゃあケツに2000ってつけましょう〟と言うんだ」。チャールズ・グリフィスは『デス・レース2000年』の脚本を担当、第二班監督も務めることになった。カー・アクションの場面はほとんどチャールズ・グリフィスの手によるものだ。

「役者がからむ場面は監督のポール・バーテルが撮った。アクション場面はチャールズが別に撮ったんだが、それぞれの持ち味がうまく出たと思う」。『デス・レース2000年』当時、ポール・バーテルは三十七歳。UCLAの映画学科を優秀な成績で卒業、奨学金をとってローマに渡った優等生は、気がつくとロジャコマの下でB級映画の下働きを続けていた。「彼は優秀だった。だから『デス・レース2000年』はポールに一丁まかせてみるかと思ったのだ。それに、ポールはユーモアのセンスもあるから適任だった」。ロジャー・コーマンはこう言うが、『デス・レース2000年』を撮った当時、ポール・バーテルはカー・アクションを手がけたこともなければ、SF作品に関わったこともなかった。バーテルがのちに『キャノンボール』を監督することになったのは『デス・レース2000年』があったからで、考えてみれば皮肉な話である。

バーテル自身も意気込んで『デス・レース2000年』を演出した。冒頭、大手術を終えたフランケンシュタインが手術室から出てくる場面では、嬉々として主治医役を自ら演じている。

「低予算映画のいいところは、実験ができることだ」。低予算映画に人生を捧げ（かつ大儲けした）ロジャー・コーマンの哲学はシンプルだ。「大作映画になると、予算が何十倍何百倍もかかる。そのぶん、回収するために〝一般受け〟を狙わなくてはならなくなる。低予算映画なら話は別だ。だから面白いこと、トンガったこと、人がやらないこ

とをやろうと思ったら低予算映画に限る」。『デス・レース2000年』はまさにその通りの映画になった。実際、その幼稚なプロット（ほめてます）や、子供の落書きのようなスーパーカーのデザイン、それに「スピード感は早回しで」という、まったく正しいと同時にイージー極まりない映画製作の態度など、『デス・レース2000年』の要素はどれをとっても絶対にメジャー映画では不可能なものばかりだ。さらに、とってつけたロマンスシーン、オッパイ丸出しのキャットファイト、ギャグとして演出された残酷場面が華を添える。だが、その全てが融合したとき、奇跡的に面白い、ワイルド・ムービーの最高峰が誕生した。

キャスティングも絶妙だった。主演はテレビ『燃えよ！カンフー』を終えたばかりのデヴィッド・キャラダイン。ライバルの「マシンガン・ジョー」は『ロッキー』でブレイクする直前のシルベスター・スタローンだ。ロジャコマもスタローンの起用についてはラッキーだったと思ったらしく、「『ロッキー』が当たると同時に『デス・レース2000年』のポスターを刷り直した。スタローンの名前をキャラダインと同じ大きさにして横に並べたんだ。契約上、キャラダインより上にはできなかったからね（笑）」と語っている。スタッフにも恵まれた。撮影監督はロジャコマ映画の常連からハリウッドのトップクラスに登りつめたタク・フジモト（『羊たちの沈黙』『フィラデルフィア』）。音響効果にはのちに『スター・ウォーズ』で知られることになるベン・バートも参加していた。

『デス・レース２０００年』はポール・バーテルのカルト監督としての地位を確立すると同時に、海外では七〇年代を代表する傑作として高い評価を受けている。ジョージ・ミラーは『マッドマックス』が『デス・レース２０００年』の直接の影響下にあると言明しているし、音楽関係でもこの映画にオマージュを捧げた曲はいくつもある。

日本で『デス・レース２０００年』が立派な映画評論家にほめられる日は絶対に来ないと断言できるが、この映画に心を揺さぶられた「デス・レース・チルドレン」ともいうべき世代は確実に存在する。彼らは皆『デス・レース２０００年』のマンガ的な殺人カーレースに狂喜乱舞し、その反体制的な価値観に共鳴し、スタローンのヤクザなカッコ良さにしびれ、脱ぎ担当女優のオッパイに釘付けになった。全編を彩るブラック・ジョーク感覚（轢き殺したのが子供や老人だと点数がアップするとか）にもたまらないものがある。

二〇〇八年になって、『デス・レース２０００年』は『デス・レース』としてリメイクされた。監督したのは『エイリアンVSプレデター』のポール・W・S・アンダーソン。『デス・レース2000年』の稀代のワイルドさが再現できるとは微塵も思っていなかったが、結果はやはり惨憺たるものだった。単なるカー・アクションとしてそこそこの映画に仕上がってはいたが、『デス・レース2000年』を特別なものたらしめていた要素はすべてスッポリと抜け落ちていた。だいたいスーパーカーに顔やツノやトゲトゲやロケットエンジンがついていない時点でもう全然ダメ。それこそ、いくら「リアル」に「今風」に作ったところで、無理なものは無理な話だ。

マーケティングと電通が幅をきかせ、シネコンが映画館を駆逐して、低予算映画は見向きもされなくなった。ブロックバスター大作はどれも金太郎飴。「ショック」や「残酷」や「ブラック・ジョーク」は映画界から巧妙に締め出された。そんな最悪の時代だからこそ、今日もまたぼくは『デス・レース2000年』のDVDを爆音で観る。独裁国家にノーを突きつけ、人間の尊厳を取り戻して、ふざけたテレビのリポーターを轢き殺すためにだ。自分たちが気づいていないだけで、「デス・レース」は今なお進行中なのだから。

No. 8 『ウィークエンド』

ヒトラーは前衛美術を忌み嫌った。彼が好んだのは子供が「うまいなあ」と思うタイプの写実的・古典主義的な絵だった。表現主義や抽象主義に対して、ヒトラーははっきり「わかんないからイヤだ」と宣言し、そして弾圧した。これはこれでひとつの態度だとは思う。現代アートの世界はコンテクスト抜きに理解することが難しく、そしてコンテクストを理解し把握するのは骨が折れる作業だからだ。と、ここまで言い訳しないと話が始められないぐらい、ゴダールの映画はめんどくさい格付けをされてしまっている。個人的にはゴダール本人は冗談好きの楽しい映画監督だと思っているが、冗談と本気の区別のつかない人たちにそういうこと言うと、あからさまにバカにされるので油断できない。

さて、『ウィークエンド』である。これは秋田書店から出た日野康一著『ショック残酷大全科』に載っていることからもわかるとおり、ショックと残酷をダジャレでまとめ

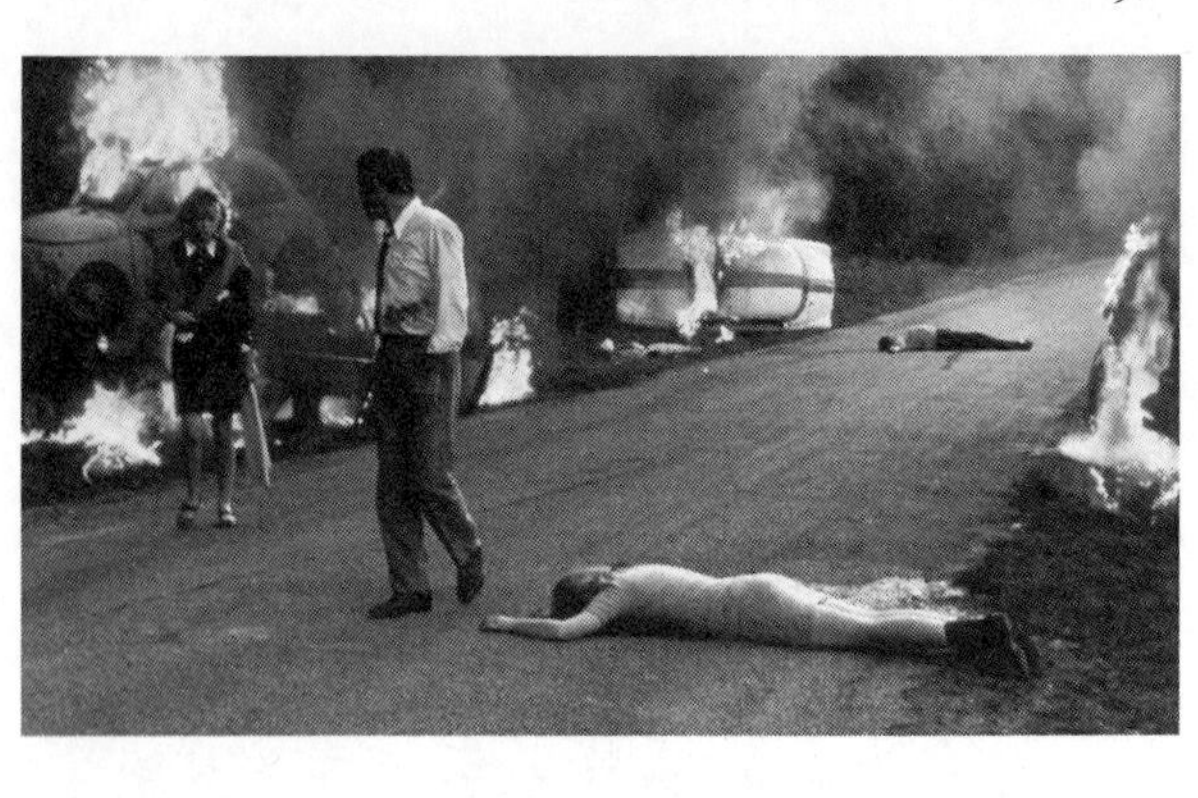

た面白映画だ。映画はエロ話をしている男女から始まる。この二人、実は悪いヤツで、金持ちの親戚のババアをこの週末に訪ねて、ついでに殺して遺産をがっぽり、という不埒な計画の真っ最中。善は急げ、とさっそく車で田舎めざして出かけるが、いきなり大渋滞&事故現場の嵐に遭遇。何だこりゃ、と思いながらも旅を続ける二人の行く手には、関係ない小説の登場人物だの、説教好きな赤軍だのが次々と現れ、いろいろムリを言って二人（と観客）を困らせるのだった。

この、ズバリ言って行き当たりばったりな話を彩るのは、時おり画面に現れるダジャレの数々と、後半で突然登場する動物の虐殺シーン（本物）、および人肉食シーンだ。似たような題材でも、食人監督デオダートとは大違いの、冗談とも本気ともつかない映画になっているのはさすがゴダールって感じ。ところで「ウィークエンド」はいまやフランス語

（外来語だがフランス語の辞書にも載ってる）って知ってた？

No.9　交通事故表現はヤバイ

殺人一家にいいようにもてあそばれた上、自分の夫の顔面の皮を無理矢理かぶせられ、半狂乱になった女がモーテルから飛び出して来る。わけのわからないことを絶叫しながらハイウェイに出た女は、次の瞬間、猛スピードで突っ込んできた巨大なトラックに粉砕される。血と内臓があたり一面に飛び散る。『デビルズ・リジェクト』中盤のウルトラ・ゴアなショックシーンだが、こういう「粉砕系」あるいは「激突系」とでも呼ぶしかない残酷表現がここ数年静かなブームだ。もちろんダリオ・アルジェント監督作『4匹の蝿』のラスト・シーンを例に挙げるまでもなく、交通事故による激突を描いたショック・ビジュアルは昔からあった。だが、CG合成技術の進歩によってカットを割らずに人間が粉々になる瞬間を映像化できるようになったことが、現在の激突系人体破壊表現の興隆をもたらした。

はしりとなったのは『チャッキーの花嫁』における、やはりタンクローリーによる人

体粉砕（ロニー・ユー監督は人間が爆発するのが大好きで、『ケミカル51』では歌手の方のミートローフを吹き飛ばしてみせた）。『プライベート・ライアン』で大口径の銃弾を浴びてブッ飛ぶ兵士も忘れるわけにはいかない。最初期のものとしては、『アウトブレイク』の、爆風で消し飛ぶ兵士の映像がある。

バラバラにこそなりはしないが、『ドリームキャッチャー』にも人間が自動車にはね飛ばされる場面があった。粉砕系残酷描写の宝庫は『ファイナル・デスティネーション』シリーズで、特に二作目『デッドコースター』では、車に突っ込んできた丸太や、クレーンから落下してきたガラス板が盛大に血肉の雨を降らせていた（やはり一カットで見せるところが重要）。

また、粉砕系に留まらず、カット内における、首チョンパ（『ゴースト・オブ・マーズ』など）や、俳優とシームレスに接続された人体欠損（『ザ・グリード』『ヒストリー・オブ・バイオレンス』など）といった残酷描写は、いずれもＣＧ技術なしには実現し得なかったものであり、実はＣＧと人体破壊表現の相性はかなりいいと言えるのだが、その話は別の機会に譲りたい。なお、粉砕系の次に来るのは鈍器殴打系だ！　と個人的には睨んでいる。ハンマーが、鉄パイプが、灰皿が、カットを割らずに顔面にめり込む時代はもうすぐだ！　期待しよう。

No.10 『アポカリプト』

その題名に偽りなし。『アポカリプト』は、「黙示録的な」地獄絵図を余すところなく描き出した空前絶後の作品だ。ヤコペッティの『残酷大陸』と『ベン・ハー』を足して、『マッドマックス』をかけてもまだおつりが来る。究極のサバイバル映画であり、現代に甦ったモンド映画でもある。『アポカリプト』は圧倒的なパワーですべてをねじ伏せる。マヤ族の歴史が知りたい人はよそで勉強すればよろしい。狂気と暴力が支配する「神なき世界」を描いた『アポカリプト』は、歴史映画というよりむしろ寓話的な作品である。それも、とびきり残酷なやつだ。

主人公ジャガー・パウは森の集落で仲間たちと平和に暮らしていた。ある朝、伝説の「石でできた都」からやってきた人間狩り軍団が彼らを襲う。女はレイプされ、子供はぶち殺され、男たちは捕虜として連行される。長く苦しい旅路の末に到着したのは、頽廃と悪徳にまみれたキチガイ都市！　ジャガー・パウたちは太陽神へのいけにえとして

惨殺される運命にあったのだ。

ストーリーは一直線だ。観客はジャガー・パウ同様、勝手のわからない残酷未開ワールドを引きずり回され、常に間近にある死を強烈に意識させられる。濃厚な死の臭いが『アポカリプト』全編を覆っている。監督メル・ギブソンは明らかに死にとりつかれている。前作『パッションョン』では、拷問を受けるキリストの視線を再現したショットで観客に苦痛を疑似体験させていたが、今回はちょん切られた頭部が転げ落ちる瞬間に見た風景が映る前代未聞のカットがある。（ポランスキーの『マクベス』より極悪）

ジャガー・パウは生きのびなくてはならない。村の井戸に身重の妻と子供を隠してきたからだ。井戸は深く、妻子が自力で脱出することはできない。映画の前半はめくるめく地獄曼陀羅だが、後半は森を舞台にジャガー・パウと追っ手の攻防を描いたチェイス・ムービーになる。ここにきてメル・ギブソンの手腕が冴え渡る。ほとんどセリフもゼロで、ただただ未開人が森の中を追っかけっこしているだけの場面が数十分に渡って続くが、まったく飽きない！　興奮そしてショック！　まるでカーチェイスのように演出されたこの場面のテンションの高さには本当に驚かされる。これは裸足で走る『マッドマックス』だ！

『アポカリプト』の世界観は実にモンド的だ。『食人族』や『人喰族』を観た時のやるせない気分もあるし、地獄パノラマの描き方は『残酷大陸』や『大残酷』に通じる。まったく異質な世界が舞台で、現代人の価値観が一切通用しないところは『カリギュラ』をも思わせる。ペットや子供が絶対に死なない昨今のハリウッド映画とは対極の、血も涙もない残酷な原理がすべてを支配する。だが、かつて我々はみな『アポカリプト』に登場する未開人たちのようではなかったか？

『アポカリプト』には教訓もなければ、美しい愛情もない。登場人物は未開人だけなので、そこまで深い感情は一切描かれない。押しつけがましいメッセージも『アポカリプト』にはない。自然も敵！　人間も敵！　という究極の殺伐の中で、ただただ人間がハードコアに殺し合い殺し合い殺し合う！　生首がゴロゴロ！　死体がゴロゴロ！　まさに『メル・ギブソンの地獄変』！

そう、『アポカリプト』はマヤとも歴史とも実はあまり関係がない。ここで描かれているのは、メル・ギブソンが恐れるものすべてだ。救いも神も不在の世界を舞台にした、いつ果てるともしれない残酷の連続。まったく意味のない生と死。とはいえ個人的な恐怖の追求から生まれた『アポカリプト』は、結果としてある種の普遍性を獲得することに成功した。なぜなら人間は生来残酷なのだし、生に意味を見いだすことは（そこらのお涙頂戴映画が声高に主張するのとは裏腹に）おそろしく難しいからだ。

だからいかに『アポカリプト』が歴史的に間違っていようと、そんなことはどうでもいい。どうでもよくないのは、ジャガー・パウのように、この殺伐とした人間地獄をいかにして生き抜くかということなのだから。

答えは「殺られる前に殺れ！」だ！

No.11 『300〈スリーハンドレッド〉』

『スター・ウォーズ』のハン・ソロは卑怯でずる賢いアウトローだ。

だからハン・ソロは借金の取り立てにやってきたマフィアの手下（グリード）を、会話の途中でいきなり射殺する。前もって、机の下でそれとわからないように銃を構えていたのだ。「特別篇」でルーカスはこの場面に手を入れた。「ヒーローが不意打ちなどと卑怯なことをするのはよくない」、というPCな（「政治的に正しい」）判断から、グリードが先に撃ったことにしたのだ。

それは「政治的には」正しかったかもしれないが、名場面は台無しになった。百戦錬磨の宇宙海賊は、礼儀正しく相手が撃つまで待っているようなマヌケになってしまった。アナクロニズム的な「ロマン」や「かっこよさ」、というものはPC概念とは相容れない。最近になって、ハリウッド映画はそれに気づき始めた。

古代ギリシャを舞台にした『300〈スリーハンドレッド〉』では、ペルシャの大軍

勢に立ち向かう強靭なスパルタ兵三百名の絶望的な戦いが描かれる。「自由と誇りのために我々は戦う！」と叫ぶスパルタ兵たちだが、その実態は血に飢えた猛獣だ。そうでなくてはならない。勝つためにありとあらゆる手を講じるのが戦士だからだし、大殺戮のまっただ中で返り血を浴びてエクスタシーを感じるのが戦士だからである。

映画の前半、スパルタ王レオニダスは、「交渉」にやってきたペルシャの使者をあっさり拒絶する。圧倒的な兵力を誇るペルシャ側の使者は驚く。

「我らの提案を断って、どうなるか分かってるのか？　お前の言っていることは狂っている！」

「狂っているだと？……ここはスパルタだ！」

そう叫ぶと、レオニダス王は使者を底なしの大穴に蹴り落とした。

フランク・ミラーのグラフィック・ノベルを忠実に映画に置き換えた『３００〈スリーハンドレッ

ド〉』にいわゆる判で押したような「政治的正しさ」は微塵もない。スパルタ兵は全員白人だし、戦場に女の姿はまったく見当たらない。「政治的に正し」くしようと思ったら、黒人とヒスパニックとアジア系をヒーロー側に投入して、かつ主人公と同等に活躍する「自立した女」を描かなくてはならないだろう……そして映画は最悪のものになっただろう。

そう、我々は別に「政治的に正しい態度」を教わるために映画館に足を運んでいるわけではない。『300〈スリーハンドレッド〉』には血生臭く乱暴で、「男根的」で、野蛮きわまりないが、雄々しい「ロマン」が詰まっている。

ビジュアル面でも『300〈スリーハンドレッド〉』は画期的であり、本作こそが真の意味で「マンガ表現の映像化」を成し遂げた最初の作品だと断言できる。もしかしたら最後の作品になるかもしれない。これまで数多のコミック原作映画がなし得なかった究極のマンガ表現が全部入っているからだ。ケレン味たっぷりの決めカットが全て原作まんまなのはもちろん、キャラクターの表情、衣装に至るまでコミックに忠実である。何が凄いって、コミックならではの意図的なデッサンの狂い、たとえば主人公が叫んでいるときに片目だけが異常に大きく描かれているとか、そういう部分までCGを駆使し役者の顔をねじ曲げることで徹底的にコピーしている。海外コミック特有の文字による情景・心理描写（フキダシとは別に書いてある）はナレーションで代用される。カメラスピードを自在に変えることで、延々と続く一カットの中にも「コマ割り」が表現される。『300〈スリーハンドレッド〉』のマンガ表現は徹底的で、偏執狂的ですらある。だから「これは映画ではない。マンガのコピーに過ぎない」という言い方をする人も現れるだろう。

ところが、『300〈スリーハンドレッド〉』はあまりにも徹底しており、表現の移し替えがハンパではないため、「じゃあ今まであった〝コミックの映画化〟はここまでやろうとしたことがあったのか？」という反語が成り立ってしまう。「誠実にコミックを映像化する、というのは結局こういうことではないか？」と。確かに一部のコミック原作映画、特にサム・ライミやティム・バートン、ギレルモ・デル・トロの作品などでは「監督による解釈と再構築」が奏功していると思う。しかし、その背後に広がるダメコミ映画、ダメマンガ邦画の荒野は何だ？「映画版ならではの新解釈」とやらを持ち出す前にやるべきことがあったのではないか？と『300〈スリーハンドレッド〉』は問いかけている。

『300〈スリーハンドレッド〉』を観て、人は「やり過ぎだ。狂っている」と言うかもしれない。

狂気上等！　ここはスパルタだ！

No.12 『鮮血の美学』

怒号と悲鳴で映画館は騒然となった。気分が悪くなった観客の中には吐いてしまうものもいた。怒り狂って映写室へと押しかけた一団もあった。「こんな胸クソ悪い映画、今すぐ焼き捨ててしまえ!」。

一九七二年に公開されるや否や、『鮮血の美学』は文字通り世界中で大パニックを引き起こした。イギリスやオーストラリアでは上映が禁止された。アメリカの劇場では暴動寸前の事態まで発生。スクリーンに映し出された地獄絵図に誰も彼もが嫌悪感をあらわにした。ロジャー・イーバートなど、ごくわずかな批評家は絶賛したものの、〝最悪の映画〟の悪名はとどろき渡った。

「映画の作り方なんてまるで知らなかった」と監督ウェス・クレイヴンは告白する。実際、改めて『鮮血の美学』を見直すと、セオリーを無視したワイルドな映画であることは一目瞭然だ。『ナイト・オブ・ザ・リビング・デッド』や『悪魔のいけにえ』の洗練

と比べ、『鮮血の美学』はいかにも稚拙である。製作のショーン・S・カニンガムと監督のウェス・クレイヴンは、映画界に入りたてで右も左も分からない若者だった。カニンガムとクレイヴンのコンビは前年に『Together』という映画（フィルムは現存しない）で組んだばかり。『Together』を製作したホールマーク社が「次はホラーを撮ってみろ」と資金を提供したので、『鮮血の美学』を作ることになったのだ。

　さしてホラー映画に興味がなかったクレイヴンは、たまたまベルイマンの『処女の泉』を観ていて「これを現代に置き換えたら、ホラー映画になるのでは?」と脚本に取りかかった。ムードこそ全然違うが、『鮮血の美学』のストーリーはまんま『処女の泉』と同じである。

　十七歳のマリは、友人と外出した先で興味半分にプッシャーらしき若者に声をかけてしまう。だが、気のいい男と見えたのもつかの間、仲間のいる部屋にマリたちは監禁される。脱獄犯のクルーグ（デヴィッド・ヘス）とウィーゼルを中心に奇妙な〝ファミリー〟を形成している彼らは、モラルのかけらもない鬼畜集団だった。さんざんいたぶられた末にマリたちは殺されてしまう。しかし、クルーグたちは車が故障して立ち往生。近所の家に泊めてもらうよう頼み込む。彼らは知らなかったが、その家はマリの家である。最初は快くクルーグたちを迎えたマリの両親は、やがて彼らの正体に気づいてしまう。昨夜から帰らない娘は、この連中に殺されたのだ！

六八年の『ナイト・オブ・ザ・リビング・デッド』と同じく、『鮮血の美学』もベトナム戦争に影響を受けた映画だ。

「『鮮血の美学』以前、映画における暴力はきわめて抑制されたものだった。一刺しされたらウッと言って腹を押さえて倒れるとか、もしくはそういう場面になると画面がフェード・アウトしてしまうとか」。

日々テレビで放映されるベトナムの映像にショックを受けたクレイヴンは、同じやり方で『鮮血の美学』を撮ることに決めた。何もかもを、はっきりと、全部見せる。この映画の暴力シーンは残酷で情容赦なく、真に迫ったものだ。『鮮血の美学』はスプラッター映画ではないので、人体がバラバラになるような描写はない。が、執拗にナイフを突き刺す殺害場面は「史上最もリアルな殺人場面」と呼ばれたし、迫真のレイプシーンも当時の観客を総毛立たせた。まったく即物的で感情移入の余地のない『鮮血の美学』のバイオレンス描写は、明らかにそれまでの映画の限界を超えるものだった。背後にはベトナム戦争があり、そしてマンソン事件（クルーグの彼女の名前は〝セディ〟だ）がある。「ペキンパーの美麗なスローモーションみたいなマネはしたくなかった」とクレイヴン。「ベトナムの映像はそんなカッコイイもんじゃなかったから」。

とはいえ、狂犬じみた犯罪者集団がレイプと殺人を行うだけだったら、『鮮血の美学』に対する反応もまた違っただろう。ヒステリックなまでの拒否反応を観客が示したのには理由がある。

映画の後半、娘を殺された両親の復讐が始まる。父親は日曜大工の道具で家中にブービー・トラップを仕掛ける。復讐のブービー・トラップはのちの『サランドラ』や『エルム街の悪夢』にも登場するクレイヴンの十八番。母親はグループの一人を色仕掛けで屋外へと連れだし、フェラチオすると見せかけて陰茎を食いちぎる！　父親は父親で、事態を悟って逃げまどうクルーグを追い詰める。手にしたのは唸りをあげるチェーンソー。『悪魔のいけにえ』に先駆けて、殺人マシンとしてのチェーンソーがスクリーンに登場した瞬間だ。

マリの両親は社会的地位も教養もあり、しごく真っ当な思いやりのある人だ。ところが娘がなぶり殺されたのを知って、その社会性、「品行方正さ」は一瞬で崩れ去る。羅刹と化した両親は、クルーグたちをも上回る残虐さをためらいなく発揮する。これほど居心地の悪くなる瞬間はない。観客がよりどころに出来たはずの「勧善懲悪」のカタルシスが、度を超した復讐の暴力の前に意味を失ってしまうのだ。たとえどんなに立派な人間だろうと、一皮むけばキチガイ殺人鬼と同じか、それ以下の鬼畜になり得る、と『鮮血の美学』は主張する。ここに『エルム街の悪夢』の原型を見ることも可能だが(子供殺しのフレディは、怒り狂った両親たちに焼き殺された過去を持つ)、『エルム街』と違って『鮮血の美学』はどこまでも現実的だ。

復讐を終えた両親は血まみれでへたり込む。いったい、自分は何になってしまったのかといぶかしがりながら。

『鮮血の美学』でウェス・クレイヴンは「極悪ホラー監督」としての名声を手に入れた。テーマはその後も引き継がれた。前述した『エルム街』や『サランドラ』だけでなく、たとえば『デッドリー・フレンド』にも「度を超した復讐」が登場、口やかましいだけのおばさんの脳天がバスケットボールに粉砕された。ショーン・S・カニンガムは『鮮血の美学』のネームバリューを最大限利用して資金を集め、元祖血まみれスラッシャーこと『13日の金曜日』を産み落とした。「古き良きアメリカ」など、もはやどこにも残っていなかった。

因みに、有名な惹句「気絶しないために、〝これは映画だ、映画に過ぎないんだ〟と繰り返してください」は『鮮血の美学』のポスターが初出。その後いろんな映画で使い回されることになった。

It rests on 13 acres of earth
over the very center of hell..!
MARI,
SEVENTEEN,
IS DYING.
EVEN FOR
HER THE
WORST
IS YET TO
COME!
SHE LIVED IN THE
LAST HOUSE
ON THE LEFT
TO AVOID
FAINTING
KEEP REPEATING,
IT'S ONLY A MOVIE
..ONLY A MOVIE
..ONLY A MOVIE
..ONLY A MOVIE
..ONLY A MOVIE
..ONLY A MOVIE
SEAN S. CUNNINGHAM FILMS LTD. Presents "THE LAST HOUSE ON THE LEFT"
Starring: DAVID HESS • LUCY GRANTHAM • SANDRA CASSEL • MARC SHEFFLER
• and introducing ADA WASHINGTON • Produced by SEAN S. CUNNINGHAM
Written and Directed by WES CRAVEN • COLOR BY MOVIELAB
R RESTRICTED

No. 13 『ランボー　最後の戦場』

『ランボー』最新作はミャンマー少数民族の悲惨な実態を伝える記録映像から始まる。本物の死体がゴロゴロ映るショッキングなオープニングだが、これに驚いていてはいけない。なぜなら本編は限界突破、血で血を洗うハードコア残酷描写の嵐だからだ。

『ランボー』シリーズは、主人公が殺人マシーンということもあり、これまでも残酷シーンの見せ場は多かった。だが最新作でついにスタローンは一線を越えた。ランボーが通った後には死体の山……いや肉片の山が築かれる。爆弾で手足が吹き飛び、子供が炎の中に放り込まれ、至近距離から機関砲で撃たれた人体がバラバラになって四散する！

『ランボー　最後の戦場』のボディカウントは『プライベート・ライアン』に匹敵する。が、何万人もの兵隊が登場する『ライアン』と違って今回殺しまくっているのはほとんどランボー一人なのである！

暗闇にまぎれて敵に近づくランボーはスラッシャー映画の殺人鬼そのものだ。それこそがランボーの本質でもある。本物の殺人マシーンにスイッチが入るとこうなるのか！と瞠目させられること請け合いである。後世に残る超絶残虐映画の誕生に乾杯！

No. 14 『ファイト・クラブ』

奇しくも『マトリックス』一作目と同じ一九九九年に登場した魂の映画である。『ファイト・クラブ』を「ケンカを通じて自分探しをする映画」だと勘違いするおっちょこちょいもいるが、本編をよく観れば分かる通り、「ファイト・クラブ」自体はメタファーでしかない。どうでもよくないのはそこで示される「人間としての生き方」だ。広告に煽られ、どうでもいい高級品に囲まれ、おべっかと嘘にまみれた虚ろな人生に何の意味があるのか？　という、果てしなく正しい主張がこの作品には込められている。青臭い？　うるせえ、この資本主義のブタ野郎！　と殴りかかる映画が『ファイト・クラブ』だが、そう言いながらも二重三重にイヤミが込められている構成も見事。なんといっても「俺たちはどうあがいても映画スターになんかなれやしないんだ！　だから殺るしかない！」とアジっているのがブラ

ッド・ピットなのだ。額面通りにすべてを受け取る人間をせせら笑う、猛毒のような麻薬のような映画である。

No. 15 人類愚行の映画史

ハンムラビ法典の「目には目を、歯には歯を」という戒律はよく言われるように「やられたらやり返せ」という意味ではない。法の眼目はむしろ「目を潰されたからといって、カッとなって相手を一族郎党皆殺しにするのはダメ。やられた分と同じだけしかやり返してはいけません」と、過度の報復を制限するところにあった。

そうしないと、血まみれの復讐劇が延々と繰り返されるだけだ、と古代バビロニア人は知っていたのだ。

だが無駄だった。カッとなった人々は皆殺し合戦をやめなかった。なぜなら「あいつら」はどこまでいっても「あいつら」だからだ。

「あいつらだけは別」ロジックは非常に有効で、既存の体制を堅持しつつ、殺戮を繰り返すことを可能にする。ハンムラビ法典から二千年近く経ってもそれらは変わらなかった。人々は「あいつら」を殺し、犯し、奴隷にし続けた。

そこでキリストが言ったという体で「やられたらカッとなるのは分かる。分かるけどガマンしよう。グッとこらえて憎い相手を〝許す〟ことにしたら、もっと世の中マシになるんじゃないか」という主張が成されることになった。

が、そんなことは無理に決まっていたので、誰も従わなかった（一部の初期キリスト教信者は、それを鵜呑みにしたせいで拷問されて殺された）。教会は「まあ、身内なら〝許す〟のも〈あり〉だが、異教徒とか魔女は全然別だ。そういう連中は拷問して殺してもまったく構わない」と、同様に「あいつらだけは別」ロジックに乗っかった。

それでも「やられたらやり返す」だけならまだ良かった。血に飢えた人類は誰も「やられる」まで待っていることなどできなかった。先手必勝。「あいつら」だけは皆殺しにしてやる！

人類の歴史はこうした世界観の上に成り立っており、それは現在でもまったく変わらない。

社会体制の中で残酷を楽しむ仕掛けも次々と考案された。「あいつら」との殺し合いの前線に立たない社会構成員も、なんだかんだ言って血と残酷に飢えているからである。コロセウム、魔女狩り、決闘、公開処刑、リンチ。

人類の飽くことなき血への渇望を満たす、という意味ではグラン・ギニョルからスプラッター映画に至る残酷な娯楽もその延長線上にある。それは洗練された残酷趣味だ。

ところが現実とバーチャルの見境のつかない、一部の「政治的に正しく」清廉潔白な人たちはそれにも異を唱え始めた。いまでは戦争映画を作るときでさえ、「あいつら」側に配慮して「敵にも立派な人がいました」などと言わなくてはいけない始末だが、これは非常に由々しき事態だ。「お互い大変でした」ではカタルシスが生まれないからだ。

血と残酷という宝石は「あいつらだけは別」という世界観の中でこそ、にぶい光を放つ。

メル・ギブソンとフランク・ミラーはそのことをよくわかっていた。『アポカリプト』でも『300〈スリーハンドレッド〉』でも、主人公に敵対する「あいつら」はどこまでいっても「あいつら」だ。だから登場人物たちは思う存分殺し合い、血を浴びることができる。「政治的配慮」は必要ない。どちらも描いているのはとうの昔に滅んだ民族や国家だ。それにもかかわらず「マヤ文明の栄光を汚した」とか「遠い末裔として、ペルシャの王様がドラァグクイーンのように描かれているのはけしからん」というクレームがあったが、噛みつきたがりにも程がある。「アメリカ人が全員荒くれ者だったわけではないから西部劇禁止」「毎週各地で悪党を惨殺して回った史実はないから『水戸黄門』禁止」などと言うバカはいない。

映画の中でさえ野蛮が許されない、窮屈な世界に差した一筋の光明。それは「滅亡プロイテーション」というべき発想の転換にあった。

『アポカリプト』と『300〈スリーハンドレッド〉』をもって残酷スペクタクル映画は新時代に突入した。歴史の彼方に消え去ったかにみえた大野蛮が、大残酷が帰ってくる。「あいつら」を皆殺しに！　血に飢えた狂気のヒーローたちを喝采で迎えよう！

ここからは残酷映画年表。内容は著しく偏った不完全版です。人類残酷の歴史は広く、深い。世の中には、まだ映画化されていない悲惨な事件が山のようにある！

人類愚行の映画史

■遠い昔、はるか彼方の銀河系で

▽高度な科学と民主主義によって運営されていた銀河共和国で、アナキン・スカイウォーカーがジェダイ騎士団を皆殺しにする。（『シスの復讐』）

▽ほどなく、惑星オルデラーンが最終兵器「死の星」の攻撃で木っ端微塵に吹き飛び、住民は一人残らず殺される。政治的見せしめが理由。（『新たなる希望』）

■原始時代

▽猿人の一群の中で、宇宙人の実験により知恵をつけた一匹が骨を武器にして敵対する集団を撲殺。人類のあけぼのは暴力によって訪れた。（『2001年宇宙の旅』）
▽猿人から進化して生まれた人間はまず火を奪い合って殺し合う。（『人類創世』）
▽やがて、恐竜の襲撃や火山の噴火を生き延びた一群が、徐々に社会らしきものを作り上げる。勢力拡大のために他の部族の村を襲撃しては食料や女を強奪し、歯向かう者は容赦なく殺す。こうして原始国家（民族）が成立、その心の拠り所として原始宗教が誕生。（『恐竜100万年』『原始人100万年』）
▽ユダヤ教の神が、気まぐれで大洪水を起こしたり、せっかく建てたバベルの塔を壊したり、祭司の息子をいけにえによこせと要求したりして人類を苦しめる。（『天地創造』）
▽中近東で栄華を極めた快楽都市ソドムとゴモラが、同じ狭心な神の怒りに触れ、核爆弾を落とされて壊滅。近くでその様を目撃した人も放射能の影響で塩の柱になってしまう。（『ソドムとゴモラ』『十戒』『ヒルズ・ハブ・アイズ』）
▽一方、中国では秦の始皇帝が暴力をもって大陸を制圧、数々の暴挙が繰り広げられるが、始皇帝を暗殺しようとする反対勢力は次々とジェット・リーによって粛清される。（『英雄／ＨＥＲＯ』）

■古代

▽紀元前一五〇〇年代、ユダヤ人はエジプト人の奴隷にされ、散々こき使われる。が、彼らの神をバックにつけた預言者モーゼのテロで奮起、紅海を割ってエジプトから脱出する。置き土産とばかり、エジプトを十の災厄が襲い、ナイル川の水が血になったり、子供が全員死んだりイナゴの大群が来襲したり、カエルが降ったりした。同様の超常現象は江戸時代の日本でも起きた。(『十戒』『ハムナプトラ』『エクソシスト2』『マグノリア』『大魔神怒る』)

▽モーゼはシナイ山で十の戒律が刻まれた石版を神から受け取る。金ピカの聖櫃に納められた石版はその後行方不明となるが、一九四〇年代に再発見されてナチを皆殺しにした。(『十戒』『レイダース／失われたアーク《聖櫃》』)

▽紀元前一二〇〇年ごろ、ギリシャでトロイア戦争が起こる。他人の女房を勝手に連れてきてしまったとか、他愛ない色事が原因で都市国家がまるごと一つ滅んだ。(『トロイ』『トロイのヘレン』)

▽紀元前四八〇年、ギリシャの都市国家スパルタとアケメネス朝ペルシャの間でペルシャ戦争が戦われる。紀元前四八一年から始まったクセルクセスの遠征は『300〈スリーハンドレッド〉』で描かれる。映画では声の低いドスの効いたノンバイナリーとして描かれたクセルクセスだが、実際には周りから言われたので嫌々戦争をやって

いたという。
▽紀元前二六四年、アフリカのカルタゴとローマ帝国の間でポエニ戦争が起こる。デニス・ホッパーによれば、もともとギリシャの植民地だったシチリア島はこのとき、アフリカの黒人に占領され、島の女は黒人にレイプされまくり、その結果、シチリア島の住民の瞳と髪の毛は真っ黒になったという。（『トゥルーロマンス』）
▽紀元三〇年ごろ、エルサレムの大工の息子イエスが怪しげな新興宗教を始める。（『ナザレのイエス』『偉大な生涯の物語』）
▽イエスは魔術でペプシをコーラに変えたり、死人をゾンビにしたりしたので官憲の怒りを買い、捕らえられて拷問されて殺される。これを機に、西洋の暦はBC（キリスト以前）とAD（以後）で分けることに。（『パッション』『キリスト最後の誘惑』『ジーザス・クライスト・スーパースター』『ベン・ハー』）キリストの身代わりに関係ないユダヤ人が殺されていたとの説もある。（『モンティ・パイソン／ライフ・オブ・ブライアン』）
▽教祖が処刑されたのにキリスト教は広まる一方で、業を煮やしたローマ帝国はキリスト教徒を虎と戦わせたりして遊ぶことを思いつく。ローマ帝国は領土を拡大するため、ヨーロッパ中に軍勢を派遣、暴虐の限りを尽くす。（『スパルタカス』『グラディエーター』）

▽一方、ローマ時代は内地でも皇帝カリギュラやネロが面白半分に人を拷問して殺したり、近親相姦に励んだり、街に火を放ったりして楽しく過ごしていた。（『カリギュラ』『クォ・ヴァディス』『ローマ帝国の滅亡』）ちなみにネロは名前を数字にすると666になるので『オーメン』の元ネタにもなった。

▽キリスト教は三一三年にローマ帝国公認となり、三二五年のニカイアの公会議で教義がまとめられた。陰謀論者はこのとき、キリストが実は結婚していてガキまでこさえていたことが隠蔽された、と主張。（『ダ・ヴィンチ・コード』）キリスト教は三九二年に晴れてローマの国教となる。

▽四九六年、戦乱が続き、国家が次々と入れ替わる中国で少林寺が創建される。軍隊に蹂躙されるばかりの民を救うため、少林寺の僧侶たちは己が肉体を武器に変え戦う少林寺武術を生み出し、唐の時代には民兵としても活躍。その後は複雑な権力闘争などもあって、分裂・焼き討ちなどの憂き目にもあう。デヴィッド・キャラダインによれば、少林寺の僧侶たちが高名な武術者バイ・メイの挨拶を無視したばかりに怒りを買い、翌日に皆殺しにされたことがあった。しかし肉体ひとつで乱世に立ち向かう少林寺武術とその精神は、中国文化が生んだ最良の事物であり、今なお抑圧されている黒人やパレスチナ人の心の支えとなった。（『少林寺』『少林寺三十六房』『続・少林虎鶴拳』など多数）

▽ヨーロッパでは多くの民族国家が戦争を繰り広げ、惨い殺し合いが続く。五世紀に入りイギリスを統一した伝説のアーサー王と一二人の円卓の騎士たちも今でこそ英雄扱いされているが、権力闘争のために凄まじい殺戮の日々を送っていたという。(『エクスカリバー』『モンティ・パイソン／ホーリーグレイル』『キング・アーサー』)
▽その後西洋文明はキリスト教を基盤として発展。結果、数えきれない人命が教会のせいで失われた。

■中世

▽キリスト教最大の不寛容は十字軍である。聖地エルサレムにイスラム教徒が住んでいるのはけしからん、とヨーロッパ中から騎士やゴロツキが集結、二百年間に渡ってエルサレムを襲撃した。もちろんイスラム教徒もこれに反撃、「馬が半分沈んでしまうほど」エルサレムは血の海となった。(『キングダム・オブ・ヘブン』『クルセイダーズ』)
▽十二世紀、十字軍の便宜を図るためフランスにテンプル騎士団が生まれる。テンプル騎士団はカルト化したと思われ、大弾圧の末に関連した者がすべて虐殺された。彼らの恨みは末代まで続くこととなる。(『エルゾンビ』『デモンズ3』)
▽モンゴルの遊牧民族の長、チンギス・ハーンが大陸統一の野望に燃えて、征服運動を開始する。ハーンの率いるモンゴル帝国は、おとなしく降伏した者には寛大な処遇

を与えたが、少しでも逆らうと女子供も一人残らず殺戮した。奴隷になると手のひらに穴を空けられ、荒縄で引っ張られた。ヨーロッパにも度々攻め込み、恐怖の存在となった。ハーンは戦争の最中に病死したが、その魂は後に戦国時代の武将上杉謙信に生まれ変わり、現在では出版社社長に生まれ変わったというから人生わからない。（『蒙古の嵐』）

▽十三世紀末、スコットランド人の愛国者ウィリアム・ウォレスはイングランド兵の暴挙に対して立ち上がり、問答無用の暴力で民族自決の戦いを繰り広げた。スターリング・ブリッジの戦いでは待ち伏せ作戦を行って、相手の頭蓋を割り、凄絶な殺し合いになった。しかしやがて味方の貴族に裏切られ、ロンドンに送られたウォレスは衆人環視の中で八つ裂きにされた。（『ブレイブハート』）

▽一四三一年、ルーマニアに生まれたヴラド公がオスマン・トルコと戦い、敵はおろか味方に至るまで、片っ端から串刺しにして死体を見せびらかした。この残酷極まりない所業が、後に彼を吸血鬼ドラキュラのモデルに祭り上げることになる。（コッポラ監督版『ドラキュラ』）

▽十五世紀、魔女狩りが始まる。その前段階となる異端審問が始まったのは十二世紀だが、民間レベルでガンガン盛り上がり、誰も彼もがブッ殺されたのは十五世紀に入ってから。アメリカでは十七世紀にも「セイラムの魔女事件」があったほか、二十世

紀になってもヘビメタ青年は悪魔だとか言って死刑判決を下したりしている。(『モンティ・パイソン/ホーリー・グレイル』『肉体の悪魔』『鮮血の処女狩り』『ビヨンド・ザ・リミット』他多数。セイラム事件は『クルーシブル』、二十世紀の魔女狩りは『パラダイス・ロスト』を必見のこと)

▽また、十一世紀から北欧のヴァイキングによって存在が確認されていた新大陸を、「いよっ、クニが見えたぞ」とコロンブスが発見して以来、続々と入植者たちが海を渡り、アメリカ先住民との軋轢が起こり始める。(ヴァイキングについては『Pathfinder』、その他『ラスト・オブ・モヒカン』『ポカホンタス』など)

■近〜現代

▽大航海時代と産業革命によって、人類は活動範囲を地球規模に広げた。が、グローバリズムはお互いの異なった価値観を潰しあい、ブッ殺し合うという悲惨な結果しか生み出さなかった……そこで生まれた悲劇をすべて記すには紙幅が足りない!

▽一七七五年、それまでイギリスの植民地だったアメリカで独立戦争が起こる。そこでの猛烈な殺し合いの記録はメル・ギブソン主演の『パトリオット』という映画になった。

▽アメリカではまた、アフリカ大陸から黒人を狩り集めて労働力としてこき使った。アフリカから新大陸へ運ばれ、市場で売り飛ばされ、農場で働かされた黒人たちは家

畜と同じ扱いを受け、数多くの残虐行為の対象となった。(『ルーツ』『アミスタッド』『ヤコペッティの残酷大陸』『マンディンゴ』など多数)
▽一八六一年、アメリカで奴隷解放を謳う北軍と現状維持に回った南軍の間で凄絶な内戦―南北戦争が戦われる。『風と共に去りぬ』など、この時期の動乱を描いた映画は数多いが、北軍の乱暴者たちに皆殺しにされた南軍下の小さな村の住民たちの怨念が二十世紀に再燃する『2000人の狂人』の存在を忘れてはいけない。
▽一方アジアでも混迷は続く。十八世紀のタイでは、アユタヤ王朝時代に隣国ビルマの侵攻により激しい戦いが繰り広げられた。一七六五年、バングラジャン村を蹂躙しようとしたミャンマー軍に対して村人たちが徹底抗戦した「バングラジャン村の戦い」は凄絶だった。鎧で武装し、銃火器を装備したミャンマー軍に対して、バングラジャン村の戦士たちは上半身裸に手斧・ナタ・水牛といったわずかな武力で対抗。圧倒的な戦力の差がありながらも村人たちはマイペンライ(=細かいことは気にするな)精神で戦った。泥だらけの船上には兵士たちの斬られた四肢と生首が大量に転がった。(『BANG RAJAN』)
▽十八世紀末、中国(当時は清)では白蓮教徒の乱が起こり、一度は鎮圧されたが、このときに生まれた軍閥の不均衡な政治力が後のアヘン戦争での敗因となり、中国大陸は混乱期に入る。白蓮教は十九世紀末になって蘇り、その後はカルト教団となり暗

躍。欧米列強の植民地支配に加担したが、黄飛鴻によって鎮圧される。(『ワンス・アポン・ア・タイム・イン・チャイナ　天地大乱』)

▽十九世紀、アメリカで西部開拓時代が始まる。多くのガンマンが男の意地を見せて殺し合いを繰り広げ、騎兵隊がアメリカン・インディアンを根絶やしにしようと殺戮を繰り広げた。アラモ砦ではテキサス人がメキシコ軍と凄絶な戦いを繰り広げた末、全滅。(『アラモ』『ワイルドバンチ』『ソルジャーブルー』をはじめとするアメリカ人の魂の映画は九割方がこれ。一部のマカロニウエスタンも含む)

▽十九世紀末、ヨーロッパに始まる帝国主義と植民地改革のひずみから、世界各国で紛争が始まる。当時は明治の元号をいただいていた日本も帝国主義に遅れを取ってはならないと、清やロシアを相手に戦争開始。木口小平は死んでもラッパを放しませんでした。『二百三高地』の戦いでは無謀な突撃を繰り広げて元祖『ハンバーガー・ヒル』となる大壊滅戦の末、かろうじて勝利を収める。

▽一九一四年、第一次世界大戦が勃発、世界が二つに分かれて戦争を行う前代未聞の事態になる。ヨーロッパ各地では毒ガスや戦闘機や戦車が凄まじい数の犠牲者を生み、蝶に見とれていた斥候兵すらも無惨に死んでいった。(『西部戦線異状なし』『まぼろしの市街戦』『レッドバロン』『つばさ』『ジョニーは戦場へ行った』他多数)

▽世界規模の混乱の最中、トルコでは少数民族のアルメニア人が強制移動とそれに群

がるトルコ人によって大量に殺され、ホロコースト状態に。後になって生き残りのアルメニア人により虐殺を告発されたトルコ政府は、「政府がやれと言ったわけじゃない。地元の民兵が勝手にやった。第一そんなに殺していない」と申し開きをした。(『アラトの聖母』)

▽イギリスの軍人トマス・エドワード・ロレンスはトルコを敵に回してアラブ独立運動を支援した。幾多の犠牲を出しながら戦ったロレンスはトルコ軍に捕まり、全裸に剝がれた挙句、文字にするのも憚られる拷問を受けるが、その有様を映画化した『アラビアのロレンス』は淀川長治によって「これが映画、これこそが映画、素晴らしい」と称賛される。

▽第一次世界大戦で名誉の負傷兵となったアドルフ・ヒトラーは、敗戦後のドイツで「俺達がひどい暮らしをしているのは、ユダヤ人たちが金儲けしてるからだ。ドイツ国民の誇りと美しい国作りのために、私はユダヤ人を皆殺しにします」とマニフェストを発表。国民投票みたいな成り行きで政権を握ったヒトラーとナチス党は、この狂ったマニフェストをじわじわと実行。第二次世界大戦を通して人類史上最悪の蛮行ホロコーストを行ったことで、歴史に忌わしい名を刻んだ。(『ヒトラー最期の12日間』『シンドラーのリスト』『夜と霧』『リリー・マルレーン』『野獣たちのバラード』『地獄に堕ちた勇者ども』『愛の嵐』『イルザ』シリーズなど、とにかく多すぎ)

▽一方、中国に攻め入った日本は「奪い尽くし、焼き尽くし、殺し尽くす」三光作戦を展開、その残忍さは『日本鬼子』と恐れられた。が、最近の耳には心地よい説によれば日本兵は世界一礼儀正しく、南京にはにこやかに入城、民間人とは仲良くして感謝されたらしく、女子供を殺して井戸に放り込んだり、民間人をブッ殺すようなマネは一切しなかったそうです。写真や証言は全部でっちあげだそうです。（という主張の反対が『南京大屠殺』など。ハリウッド映画もあるが公開は未定）

▽一九四一年十二月、真珠湾攻撃。（『1941』『地上より永遠に』『パール・ハーバー』『トラ・トラ・トラ！』『ファイナル・カウントダウン』など）これを皮切りに日本軍は太平洋に展開、ミッドウェーの海戦までは破竹の勢いで勝ち進んだ。（『ミッドウェイ』『ハワイ・マレー沖海戦』『連合艦隊』など）

▽日本の「大東亜共栄圏構想」はタイなど東南アジアにも及ぶ。一九四二年、日本軍はインパール作戦によりタイへ侵攻。ビルマとタイを結ぶルートを確保するために、捕虜を使いクワイ川に鉄橋を建設。過酷な環境で労働力にならなくなった捕虜は次々と虐殺。さらにタイ人女性を誘拐し慰安婦にするなど横暴の限りを尽くした。このことを知った七人のタイ人兵士が建設中のクワイ鉄橋に殴り込み、血で血を洗う大銃撃戦を展開。あまりの戦闘の激しさに、クワイ川は数日間、兵士たちの流した血で真っ赤に染まったという。（『戦場にかける橋』『7Street Fighters』）

▽しかしミッドウェー作戦以降、戦況は徐々に悪化。兵站と補給路を断たれた日本軍は各地で絶望的な戦いを強いられる。(『硫黄島からの手紙』『ゆきゆきて、神軍』『シン・レッド・ライン』『ひめゆりの塔』)

▽こうして世界が真っ二つに割れての二度目の戦争、第二次世界大戦という凄まじい殺戮の応酬は一般市民を巻き込み、前代未聞の犠牲者がカウントされることになる。もちろん映画でも、第二次大戦ものがいちばん多い。破れかぶれの日本軍はヤケクソで巨大軍艦を作ったり(『戦艦大和』『男たちの大和/YAMATO』)、人間と爆弾を合体させたりしたが(『人間魚雷回天』『カミカゼ』)この頃になると勝つために戦争してるのか死ぬために戦争してるのかよくわからなくなってくる。『俺は、君のためにこそ死ににいく』などという恩着せがましい物言いは検閲の結果かプロパガンダでしかなかった。

▽焼夷弾で大都市を焼き払われ(『帝都大戦』『ガラスのうさぎ』)、原爆を二発ぶち込まれ(『はだしのゲン』『黒い雨』)、数十万人を一気に殺された日本は、一九四五年八月十五日ついに降伏。それ以前から中国大陸に進出し、植民地としていた日本の一般人もスターリンの命により放たれたソ連兵や、毛沢東に率いられた人民解放軍の凄まじい暴力の的にされた。

▽太平洋戦争後間もない日本では、広島で戦後派やくざの代理戦争が戦われたが、一

九五〇年代から米ソ冷戦の代理戦争が世界規模で繰り広げられた。中南米では革命勢力を押さえつけようとする政府与党が凄まじい虐殺をアメリカのバックアップを得て行った。（『サンチャゴに雨が降る』『サルバドル』など）代理戦争はスパイ合戦も生み、東西で極秘エージェントが暗躍した。（『007』シリーズ、『ミュンヘン』『オースティン・パワーズ』など）

▽中国では文化大革命の名の下で大量の吊し上げと殺戮が行われたが、それを凌ぐ勢いで拷問と殺しが行われたのはカンボジアだった。クメール・ルージュを率いるポル・ポトは「腐ったリンゴは箱ごと捨てる！」という政策で金持ちや教育のある者を皆殺しにし、一〇〇万人を超える人間が、わずか数年で殺された。（『キリング・フィールド』）

▽第二次大戦後、最大の代理戦争はベトナムで行われた。空挺騎兵隊のビル・キルゴア中佐は当時、「この戦争もいつかは終わる。それにしても朝のナパームの香りは最高だなあ」と語り、確かにベトナム戦争は終結した。が、その後も世界各地で争いそのものは続き、現在に至る。

■そう遠くない未来

▽ハイパーコンピュータが人類抹殺を目論んで核ミサイルを撃ち込み、地球全体が焦土と化す。（『ターミネーター3』）生き残った人間は残り少ない石油を巡って血まみ

れの殺し合いを展開。（『マッドマックス2』）黒人の代わりに労働力として開発したハイパーモンキーが人類を制圧するが（『猿の惑星』）、地底のミュータントが崇めていたコバルト爆弾が爆発、地球は宇宙の藻屑と消え去るのであった。（『続・猿の惑星』）

愚行の歴史に終止符は打てるか？

映画を通して振り返った人類の愚行史、これでもまだまだ全体のごく一部だ。中国では清時代の末期、西太后が政敵の手足を切り取り、生きたまま壺の中に入れて観賞用動物に改造した。その残酷な見せ場を売りにした映画『西太后』に、公開当時の観客は押すな押すなとばかりに詰めかけた。

残酷な人類社会に対して、映画はテレビやインターネットより有効に立ち向かえるメディアである。ルワンダの大虐殺も、映画を観て初めて事件を知った人々が多かった。アフリカでは今も多くの人々が家を焼かれ、持ち物を奪われ、カラシニコフで蜂の巣にされている。映画なら『ブラック・ダイアモンド』を凌ぐもの凄い見せ場、否、悲惨な実態を世に訴えることもできる。

人類の愚かな行為を止めるために、我々にできることは何か？　過去ばかり美化する政治家や石原慎太郎的な手合いを信用しないことも大事だが（彼らが次の愚行に走るのはもはや時間の問題だ）、偏狭な価値観やインチキ宗教などに騙されない知恵もまた大切である。

真に信用できるメッセージを世に残したのは映画監督の石井輝男だ。映画『地獄』の中で、石井は閻魔大王の口を借り、次のようなメッセージを残した。「身の回りにいつもあるものを信仰しなさい……たとえば太陽とか」。実際のところ、太陽を崇拝するのは理にかなっている。

No.16 さらばヤコペッティ

二〇一一年八月十七日、グァルティエロ・ヤコペッティ監督が九十一歳でこの世を去った。

元祖モンド映画『世界残酷物語』を筆頭に数々の残酷ドキュメンタリー映画、そして二本の壮大極まりないドラマを遺したヤコペッティは、ヤラセや再現も厭わぬ見世物精神で、世界中の奇怪な風習や大自然の驚異、人間そのものが持つ本質的な残酷さの真実を衝撃的な映像表現に焼き付けて我々の目を楽しませてくれた。

もちろん、それを単に〝異化作用〟であるとか、聞いた風な言い回しで片付けることはできるのだろう。あるいは、ため息が出るほど美しい旋律を提供したリズ・オルトラーニの功に帰することも。だが、そうではないのだ。「ヤラセを多用して、劣情に訴えるだけの代物」。ヤコペッティの映画は、公開当時からそう言われてきた。今さら反論しようとも思わない。確かにヤコペッティの作品はとても上品なものとは言えない。ポ

ーリン・ケイルの言うように、複雑な事象を単純化しすぎてもいただろう。

　しかし、ヤコペッティの映画の魅力は巷間言われる「残酷さ」「見世物感覚」だけにとどまらない。

　「ヤラセ」の例として、よく取りあげられるのは『世界残酷物語』に登場する、「核実験で方向感覚を失ったカメ」の逸話である。産卵を終えたウミガメが、「放射能のせいで方向感覚を失い」、内陸へ内陸へと進んだ結果、干からびて死ぬ。スタッフがカメの向きを変えたのは明らかだ（だって真後ろ数メートルのところに海があるし、砂浜まではちゃんとやって来たのだから）。それだけでなく、カメをひっくり返して撮影したとおぼしきカットもある。これを悪質なヤラセだと断罪するのは、ある意味正しいし簡単なことだ。

　しかし、疲れきった（ように見える）カメが、仰向けに横たわり、首をぐったりとそらせる瞬間、そこにはすさまじいまでの哀感と詩情があった。映像ならではの抒情があった。

ヤコペッティ作品の特徴は、痛烈な皮肉にあるとするのが一般的だ。だがその皮肉は多くの場合、涙が出るほど美しい、情感あふれるイメージとセットになっていたのではなかったか。『残酷大陸』には、無邪気そのものの白人の少女が、鎖でつないだ黒人奴隷の少年を、まるでペットのように引っ張って野原を駆け抜ける流麗なスローモーションがある。その場面全体が持つ「美しさ」が内包する不条理と残酷と矛盾。この場面に込められたヤコペッティの怒りを見よ！

ヤコペッティと筆者

ショック場面を羅列するだけの後続「モンド映画」が、ここまでの洗練を獲得することはついになかった。

十年ほど前、ぼくはヤコペッティの自宅を訪ねる機会に恵まれた。当時すでに八十を越していたヤコペッティだが、眼光は若い時同様に鋭かった。

「私は、今でも自分のことをジャーナリストだと思っている」。そう言うと、ヤコペッティは空を見上げてため息をついた。

「ジャーナリストは、ただ事実を伝えればいいというものではない。自分の感性を通じて、自分が見たものを伝えるのだ」

詩情と残酷が同居する、美しくも哀しい世界。いかにヤラセのドキュメンタリーとそしられようとも、ヤコペッティは映画を通じて、己の目に映る「世界」を伝えようとしていたと筆者は信じる。さようなら、「モンド映画のゴッドファーザー」。

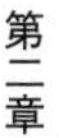

第二章

Pop & Violence

ポップ・アンド・バイオレンス

No. 17 ジョエル・シュマッカー　インタビュー

――いきなりですが、我々の雑誌（『映画秘宝』）が選出したオールタイム・ベスト映画一位は、ブライアン・デ・パルマ監督の『ファントム・オブ・パラダイス』です。同じ主題ということもあるので、『オペラ座の怪人』は興味深く拝見しました。ところで、ここのところ『ムーラン・ルージュ！』や『ヴァン・ヘルシング』など、十九世紀末のパリを映像化した映画がいくつかありました。『オペラ座の怪人』でも特撮を駆使して当時のパリを再現していますが、『ムーラン・ルージュ！』などを意識した部分はありますか？

シュマッカー　『オペラ座の怪人』を監督しないか、というオファーを最初に受けたのはもう十七年前になる。私はまだ駆け出しだったが、『ロスト・ボーイ』を観たアンドリュー・ロイド＝ウェバーがなぜか気に入ってくれて、直接依頼してきたんだ。それが今回ようやく形になった。脚本も

当時から書いていたし、時代背景は舞台と同じわけだから、特に最近の映画を意識することはなかったね。

――オペラ座のセットはゴージャスなものでした。特に巨大な彫像が……。

シュマッカー　本物のオペラ座はもっとカタい建物なんだけど、私はオペラ座自体に一人の女としての人格を持たせたいと思った。だから、裸の女の彫刻を大量に並べて、劇場のキャラクターを強調しようとしたんだ。

――いえ、劇場の地下、ファントムの隠れ家に行く途中にある彫像の方です。労苦にあえぐ人間をかたどった巨大な彫刻が目を引きますが、あれは以前に監督された『バットマン』シリーズ（『バットマン フォーエバー』、『バットマン&ロビン』）のゴッサムシティを思わせます。

シュマッカー　確かに。バットマンとファントムには共通点もあるしね。

――そのファントムなんです

が、映画では舞台版にはない彼の生い立ちが描かれます。それがまるでエレファント・マンみたいで腰を抜かしましたが、あれはロイド＝ウェバー氏のアイディアなんですか？

シュマッカー　あれは私が考えた。どうしてファントムがオペラ座に棲みつくようになったのか、それを分かりやすく伝える必要があると思ったからだ。小説版の原作じゃ確かファントムはペルシャ王のお抱え建築士か何かで……読んだけどよく分からなかったね、実際。だからもっとシンプルな生い立ちを考えた。それに、オペラ座付のバレエ教師マダム・ジリー（ミランダ・リチャードソン）は、唯一ファントムについて何かを知っている人物だが、彼女とファントムの因縁も、観客が納得できるように示す必要があった。

――ヒロインのクリスティーヌを、ファントムが地下室に連れて行くシーンでは、壁から突きだした無数の手が燭台を持っています。ジャン・コクトーの『美女と野獣』にそっくりなんですが……。

シュマッカー　よく分かったね！（そりゃ、分かるよ……）うん、コクトーの『美女と野獣』からパクった。どうせパクるんなら天才からパクれ！というのが私の持論だ。どうせ若い連中はコクトーの映画なんか観てないしな。ワッハッハ。でも、あのシーンのおかげでファントムの隠れ家のセクシャルな雰囲気も濃厚になったし、ファンタジックなムードも出せたと思う。

――……。『バットマン&ロビン』で、ポイズン・アイビーがチャリティ会場にゴリラの着ぐるみで現れるのも、マレーネ・ディートリッヒの『ブロンド・ヴィナス』(三二年) まんまでしたね……。

シュマッカー　そうそう。あれはよかったね!

――その『バットマン&ロビン』のショーのシーンといい、『オペラ座の怪人』といい、あと、『フローレス』でもドラアグクイーンのショータイムを描いておられますが、ミュージカルに思い入れはあるんですか?

シュマッカー　『フローレス』のアレは単に実話でね、友人が脳卒中で倒れたんだが、映画と同様、発声のためのリハビリで歌を歌わされたそうなんだ。ミュージカルは好きじゃないよ、全然 (笑)。歌って踊ってハッピーエンドなんて、冗談じゃない。私が好きなのはもっとダークな世界で、主人公が煮詰まっているような話だよ。

――煮詰まった主人公といえば『フォーリング・ダウン』は素晴らしい作品ですね! あれを観るたびにやる気が湧いてきます!

シュマッカー　『フォーリング・ダウン』は主演のマイケル・ダグラスも非常に気に入っていて、コロラドで開催された映画祭では、「代表作を一本選んでくれ」と言われて『フォーリング・ダウン』をチョイスしてくれたんだよ！　で、私も舞台挨拶に呼ばれていったんだが、あの映画は非常に多くの……君のような……人たちにアピールしているようだね。うれしいよ。

――アンドリュー・ロイド＝ウェバーが『ロスト・ボーイ』ファンだというお話でしたが、意外でした。ウェバーはホラー映画ファンなんですか？

シュマッカー　私も十八年前、「ウェバーが『オペラ座の怪人』の監督に君を望んでる。会いたいそうだ」と言われたときには我が耳を疑ったよ。人違いだとさえ思った。『ロスト・ボーイ』はいろんなアイディアを詰め込んだ作品で、音楽の使い方もけっこう工夫したんだが、ウェバーはその音楽と映像の組み合わせが気に入ったと言ってたね。ポップさがウケたみたいだ。

――『ロスト・ボーイ』で、ヴァンパイアの一人が聖水で満たしたバスタブに落っこちると水が沸騰して逆流、トイレが爆発するシーンは最高です!

シュマッカー　当時は『フライトナイト』とか、ヴァンパイア映画が流行ってただろう。だから、「何かヨソと違うことをやらなくちゃ」とみんなでアイディアを出し合ったものだ。トイレが爆発するシーンもそうやって生まれたんだ。大ヒットするとは思わなかったよ。

――ヴァンパイアが暴走族なのもカッコイイですよね!

シュマッカー　もともとの企画は『グーニーズ』+ヴァンパイア、といったもので、ガキしか出てこない内容だった。そんなのイヤだから断りたかったんだが、若くて貧乏してたから金も欲しかったし……。でもやっぱりガキ映画はごめんだったので、「ティーンエイジャーと暴走族とエロいおねえちゃんとロック・バンドが出る映画にしてもいいですか」とワーナーに一応言ってみたんだ。驚いたことにそれが通ってね。ワハハ。撮影中は「お前が作ってる映画はホラー映画なのかコメディなのかハッキリしろ」とか言われたけど、「両方です!」で押し通したね。ヴァンパイアに関する基本的な設定はしっかり押さえつつ、目を引く斬新さが欲しかったんだ。

——最後にですが、ぼくは『フォーリング・ダウン』を本当に心の支えにしていて、D-Fensのような生き方こそが正しいと信じています。

シュマッカー　それはいいけど、マクドナルドに銃持って殴り込まないようにね！

——あそこが一番面白い場面じゃないですか！

シュマッカー　ワハハハ、怒りは仕事で昇華させろってことだよ！

ジョエル・シュマッカー映画BEST OF BEST

1『フォーリング・ダウン』

暑い夏の昼下がり、コンビニでコーラを買ったら値上げされていたことから、日頃の会社や家庭、ひいては社会全体への不満が大爆発してしまったマイケル・ダグラスが大暴れする痛快娯楽活劇。世間では「暴力満載の逆ギレ映画」としか評価されなかったが、怒りに満ちた熱いものを感じることのできる人にとっては至高の一本！

2『バットマン　フォーエバー』

ティム・バートンの『バットマン』がひねくれて暗すぎるとの批判に、「じゃあ、皆が大好きなキッチュなバットマンを見せてやろう」と、敵役にリドラーとトゥーフェイス、ニコール・キッドマンをヒロインに迎えた豪華絢爛な大作。主題歌はU2で決まり！　と思ったら、「せっかくハードボイルドなバットマンになったのに」と袋叩きに。

3『フローレス』

主演はロバート・デ・ニーロ！　という割には地味な公開だったのが惜しまれるポスト『ミッドナイト・ラン』。バディ（相棒）にはドラァグクイーンのフィリップ・シーモア・ホフマンという、一部の人間にはたまらない組み合わせ。女装したホフマンがアパートの窓際で『裏窓』のグレース・ケリーの真似をするところなど、何度観ても面白いのだが。

4『ロスト・ボーイ』

題名の意は「行方不明の子供たち」。つまり誘拐されたり殺されたりした可能性を秘めた子供を指す犯罪用語だが、これが実は吸血鬼の仕業、しかもピーター・パンのように若者だけの集団暮らしているというモダンホラーの秀作。ちゃんと十字架に弱くて、指を組み合わせるだけでも悶絶する脱色ヘアのパンク・ヴァンパイアがクールだ。

No.18 『エンジェル　ウォーズ』

第二次大戦と第一次大戦のイメージがごっちゃになった、泥まみれの戦場。地平線まで続く瓦礫の中に崩れかけた大聖堂がそびえ立ち、地平には縦横無尽に塹壕が走る。奇怪な装置でスチームパンク化されたナチのゾンビ兵士があたりを焼き尽くす。と、そこに改造仕様のB‐24リベレーター爆撃機が突っ込んできた！　乗り組んでいるのは網タイツとミニスカに身を包み、目の周りは真っ黒のゴス少女総勢五人！　片手にピストル！　背中に日本刀！　と、一人が『サクラ大戦』みたいな、というよりはむしろ横山宏の『S.F.3.D』そっくりの（古いね）パワードスーツに乗り込んだ！　装甲のマーキングはアニメ絵柄のウサギちゃん！　その下には日本語で「女性　殆」の文字……えっ？　「女性　殆」って何？

原題『サッカー・パンチ』もとい『エンジェル　ウォーズ』の設定画集には、誇らしげに解説が載っていた。「女が運転中、危険！　という意味の日本語です。もちろん、

（漢字にはいろんな意味があるので）それだけの意味にはとどまらないが……」。バカおっしゃい。確かに「殆」（たい）という字には「危険な、あやうい」という意味があるが、「女性　殆」なんて言葉、聞いたことないよ！

　でも、そんなことはどうでもいい。「なんか日本語っぽいものが書いてあって、ANIMEキャラっぽい絵が描かれた、パワードスーツっぽいもの」に乗った、エロい格好の美少女戦士が、「第一次か第二次かはともかく、ヨーロッパの戦場っぽいところ」で「ナチっぽい、超悪そうな敵」とカッコ良く戦ってるのが観たい！　と、ザック・スナイダー監督は夢想し、それをほぼ完璧と言える形で映像化してみせた。

『エンジェル　ウォーズ』については以前、予告がお目見えしたとき雑誌に「これは中学生の妄想そのものではないのか？」と書いた。本編を観ると分かるが、予告には「いい意味で」嘘がない。巨大侍ロボット！　美少女戦士！　パンチラ！　ナチ！　ドラゴン！　全部本編でイヤというほど堪能できる。

驚いたのはストーリーがそれなりにあったことと（予告だとまるでないように見える）、ゲームやアニメやMTVのいろんな要素をごった混ぜにしつつ、しっかりエンターテインメント「映画」として成り立っていたことだ。

継父の陰謀で、薄幸の美少女ベビードールは精神病院にぶち込まれる。人格を完全に奪う、恐怖のロボトミー手術は数日後に予定されている。病院には他にも同世代の少女たちが囚われの身となっていた。「ねえ、逃げようよ！」、「超ムリ。ここからは逃げられない」。ベビードールはあきらめない。現実に無理なら……イマジネーションを使って逃げ出せばいいんじゃないの？　ここで「意味わかんない」と思った人はテリー・ギリアムに文句を言ってください。そう、『エンジェル　ウォーズ』は、ある意味ザック・スナイダー版『未来世紀ブラジル』＋『バロン』、あるいは陽気な『ピンク・フロイド／ザ・ウォール』なのである。ハハーン、オチが読めたぞ、という人も多いでしょう。だいたいそれで当たってると思う。

でも、そんなこともやっぱりどうでもいい。そのへんの事情は映画の前半では確かに気になるし、「このまま思った通りの展開だったらどうしよう」と不安にもなるのだが、中盤あたりからザック・スナイダーはその本領を発揮し始める。スナイダーは『30

0』といい『ウォッチメン』といい、偏執狂的なまでにビジュアルにこだわる監督だ。「マンガ絵をいかに実写（+CG）で重厚に再現するか」にかけて、彼の右に出るものはいない。ありとあらゆる映像テクニックが「決め絵の快楽」のために供される。彼が優れているのは、「決め絵」を映画のやり方で再構成する方法にある。『300』に顕著だが、「グラフィック・ノベル」がそのまま動き出したような印象は、絵柄を丁寧に再現したのに加えて、独自に編み出した特殊なモンタージュの方法によってもたらされているのだ。

『エンジェル ウォーズ』で、スナイダーはこの手法をさらに推し進めた。絵柄はますます豪華絢爛になり、モンタージュが「ケレンの決め絵」を以前より違和感なく包みこむ。「決め絵は確かにその瞬間はカッコイイが、脈絡もなしにやり過ぎると、あまり映画に見えなくなってしまう」ことに気づいたのかもしれない。

話を戻そう。『エンジェル ウォーズ』は後半に至ってなにか、これまでに観たことの

ない異形のものへと変貌を遂げる。あまりにPV的、マンガ的だと思われたあれこれが、思った以上に映画的なオーラをまとい始めるのだ。最初は区別のつかなかった、目の周り真っ黒ギャルの群れも、どれが誰だかちゃんと分かるようになってくる。同時に、最初は本当にどうでもいいとしか思えなかった、マンガ的記号的なキャラクターに命が宿り始める。これは驚くべきことだ。

幼稚さを極めたガジェットの数々と、中学生的なリビドーの命じるままに造型されたとおぼしき美少女戦士キャラが、映画的にまとまるわけないじゃんか！　と誰もが思った企画『エンジェル　ウォーズ』。だが、ザック・スナイダーはオモチャ箱をひっくり返しておきながら、ちゃんと片付ける方法も知っていたのだ。

No. 19 わがこころのテキサス

テキサスはアメリカの中のもう一つのアメリカだ。テキサス人は自分たちのことを、誇りを持って「ネイティブ・テキサン」と呼ぶ。すなわち「テキサス先住民族」。アメリカに併合される以前、テキサスは独立国だった。メキシコ領だったテキサスは一八三五年のテキサス革命によってメキシコから分離、「テキサス共和国」として独立を宣言した。アラモ砦はテキサス独立戦争における「パール・ハーバー」であり、「リメンバー・アラモ！（アラモを忘れるな）」はテキサス人の精神的支柱となっている。文化的にも歴史的にもテキサスは「ローン・スター」、孤高の星なのである。「ローン・スター」はテキサス州の公式ニックネームでもある。テキサンたちは自分たちの流儀を重んじる。彼らが好んで身につけるバッジや、車のバンパーステッカーにはこうある。「Don't Mess with Texas（テキサスにいちゃもんつけるでねえ）」、あるいは「Don't Fuck with Texas（テキサスをナメるでねえ）」。

多くのアメリカ人はテキサスに対して畏怖と軽侮の入り交じった複雑な感情を持つ。カウボーイ・ハットやジョン・ウェインに代表されるテキサスのイメージは彼らに郷愁の念を抱かせるが、その一方、荒くれ者のたまり場、すぐにショットガンをブッ放すような狂った農夫ばかりのド田舎、よそ者に対する敵対心をむき出しにしたヒルビリー（どん百姓）の土地、というイメージも頑としてある。どん百姓、というといかにも貧乏そうだが、テキサスのヒルビリーにはオイルマネーで巨額の富を手にした者も沢山いる、というのはTVシリーズ『ダラス』や『じゃじゃ馬億万長者』を観れば分かる。

テキサスは誇り高いカウボーイの故郷であると同時に、ケネディ大統領が暗殺された忌まわしい土地である。テキサスの印象はアメリカ人の中でさえ分裂している。

そしてもちろん、テキサスは『悪魔のいけにえ』の土地だ。『いけにえ』ファミリーは完全無欠のテキサンだ。コック（ジム・シードウ）が強いテキサス訛りで怒鳴る「オラたちは我が道をゆくだけでいいべ！」といったセリフの端々にはテキサス魂が詰まっている。テキサス魂と言えば『いけにえ』の伝統を直接引き継いだ『デビルズ・リジェクト』も無視するわけにはいかない。たとえ世界を敵に回そうとも、テキサンの独立精神はこれっぽっちも揺るがないのだ。

だからこそテキサスは恐怖の対象になる。

テキサスはアメリカにあってアメリカでない、「他者」を象徴する土地だ。（テキサン

以外にとっての話だが）アメリカだけが世界だと信じ、また実際そう生きるアメリカ人にとって、テキサスは最も身近な異世界となる。自分たちの理屈がまったく通じない相手は恐ろしいし、いままでの常識が通用しない土地は恐怖そのものだ。『悪魔のいけにえ』の舞台がテキサスでなければならなかった理由がここにある。

だが、『悪魔のいけにえ』を繰り返し観れば観るほどチェーンソー一家に愛着が湧くように、テキサスは土地の流儀に従う者にとっては、温かく包容力のある故郷だ。下品で猥雑な冗談も言えるし、気晴らしにツーリストを二、三人ショットガンで撃ち殺すのもいいだろう。コック特製のチリ・ソースと巨大な肉塊をあぶったBBQをビールで流し込もう。鼻にかかったテキサス訛りで口説けば女もイチコロだ。

テキサスには夢がある。たとえそれが悪夢であったとしても構わない。テキサスくない、スカした人生になど何の価値もないのだから。

No. 20 『テキサス・チェーンソー　ビギニング』

ついに低俗映画が、よりハードコアになって本格的にカムバックした。『テキサス・チェーンソー　ビギニング』は低俗の塊だ。そこには人間性をせせら笑う凶悪なユーモアがあり、酸鼻を極めた直接的なゴア描写があり、そしてもちろん、人皮マスクで顔を覆い、チェーンソーを振り回しながらテキサスの荒野を疾走する大男がいる。観客サービスとしてのエロ描写も忘れてはいないし、それは圧倒的に正しい。

ようやく予告編が解禁された『グラインドハウス』も低俗さでは負けていない。切断された片足のかわりにマシンガンを装着したストリッパーがゾンビをブッ飛ばし、殺人カーが人間を粉々に粉砕する。

リメイク版『サランドラ』こと『ヒルズ・ハブ・アイズ』の野蛮さも特筆に値する。キチガイ一家は赤ん坊にマグナム銃を突きつけて母親をレイプし、人肉をむさぼり食う。どんなに偉そうなことを言っていても、人間なんてしょせん血と糞の詰まった皮袋に

過ぎない！　俺たちは動物的な本能に突き動かされて殺し、食い、まぐわって生きているだけだ！　という真実がここにある。

どれもこれも最低で最高だ。

これは、映画を道徳の教科書か何かと勘違いしている人間や、自分たちが観たくないものは規制してしまえばいい、と思い上がった連中に対する宣戦布告である。

表面的なことだけを見れば、これら新世紀ニュー・ホラー・シネマの台頭は八〇年代に全世界を席巻したスプラッター・ブームを思わせる。当時、精巧な特殊メイクアップという新しいオモチャを手にしたホラー監督たちは、こぞって人体を破壊し、これでもかと血糊をスクリーンにぶちまけた。それは、無邪気な子供が人形をバラバラにして遊ぶのに似ていた。七〇年代の映画に暗い影を落としていたベトナム戦争はすでに過去のものだったし、物質文明は飽和状態にさしかかっていた。そのせいもあってか、八〇年代のスプラッター映画にはどこか能天気さがつきまとう。

だが、その後世界は一変する。湾岸戦争に引き続いて同時多発テロが発生、アフガン侵攻、イラク戦争と、またしてもアメリカは戦争の泥沼に突入。ブッシュが再選し、ロックや映画が現実の政治に対してまったく無力だったことが露呈した。為政者の思いのままに次々と切り替わるレッド・アラート、オレンジ・アラートに振り回されて、人々は恐怖のうちに日々を過ごしている。恐怖は偏狭さを生み出し、見知らぬ人間はすべて敵と見なされるようになった。

時代と社会から取り残されたテキサスの片田舎で、奇形の大男がチェーンソーを手にとって立ち上がる。よそ者は肉だ。だからぶち殺して解体する。

「家族」と「伝統」を盾に、狂気の保安官ホイトは宣言する。

「わしらがここに暮らしていたことなど、やがて誰もが忘れてしまうだろう。だが、わしらのやったことは永遠に語り継がれることになる！」

レザーフェイス一家は我々自身だ。

「映画は社会を映し出す鏡だ」などと聞いた風なことを言うつもりはないが、それでもやはり、新世代のホラー監督が時代の空気を敏感に感じ取っていることは間違いない（タランティーノはそういうホラー監督の気分を敏感に察知している）。

六〇年代後半から七〇年代にかけて生まれた、彼ら「スプラッター・パック」の監督に共通するのは、七〇年代スピリットへの共感だ。時代背景を七〇年代に設定した映画が多いのは偶然ではない。ベトナム戦争と政治不信がトラヴィスを生み、テキサスを血に染めたように、どんづまりの二十一世紀がファイアフライ一家を生みだし、レザーフェイスを墓場から呼び戻した。

最近のホラーを形作っているのは、生真面目な七〇年代スピリットだけではない。ゴア描写が極限まで推し進められた八〇年代の大きな発見、それは「とんでもなく超残酷な場面は笑える」という事実である。人体が徹底的に破壊され、肉塊として扱われるさまは痙攣的でどす黒い笑いを生む。「スプラッター・パック」の監督たちはそのことをよく知っているので、視覚に直接訴える残酷表現にためらいがない。『テキサス・チェーンソー　ビギニング』では『テキサス・チェーンソー』をはるかに凌ぐ残虐描写が続出するが、そのやりすぎ感、ドライブ感は明らかに『悪魔のいけにえ2』を思わせる。『ホステル』、『ヒルズ・ハブ・アイズ』、『デビルズ・リジェクト』、『テキサス・チェーンソー』……。これら新世紀アメリカン・ホラー・ニュー・シネマの興隆が示しているのは、血まみれ残酷映画が円熟期に入ったということだ。低俗だ下品だと叱られながらも、むさぼるようにホラー映画、スプラッター映画を観続けてきた子供たちが監督になり、己の理想とする映画作りを始めたとき、新たな鋼鉄の扉が轟音とともに開かれたの

である。

No.21『キラー・ジョー』

テキサスのド田舎でトレーラー暮らしをする父親のところに、借金で首が回らなくなったバカ息子が訪ねてくる。

「なあ親父よう、母ちゃんとは離婚して長えじゃん？」

「ああ」

「で、親父には新しいチャンネーもいるわけじゃん」

「だな」

「母ちゃんの生命保険、けっこうな大金らしいぜ？」

「……お前、何が言いたいんだ？」

「それがさ、親父のトレーラーで一緒に暮らしてる妹が受取人になってんだよ！」

ふと気配に気がついて、父と息子が後ろを振り向くと、十二歳の妹が立っていた。

「ママを殺す相談してんのね……ふーん、別にいいけど」

そうと決まれば話が早いのがバカのバカたる所以である。

父子は通称「キラー・ジョー」というプロの殺し屋（普段は刑事）に母親殺しを依頼。殺人計画がうまく進み始めるかと思いきや、いきなりつまずいた。

キラー・ジョーは前金でしか仕事をしないのだが、父子は明日の金にも事欠いていたのだった。

ウィリアム・フリードキン監督待望の新作『キラー・ジョー』は、コミカルでありつつ硬質なタッチで、テキサスの貧乏一家の現実をじりじりとあぶり出す。〝キラー・ジョー〟（マシュー・マコノヒー）という他者がやってきたことで、それまでかろうじて保たれていた〈家族〉が音をたてて崩壊してゆく。〝キラー・ジョー〟は冷静に、ときに圧倒的な暴力をもって「バカなりの幸せ」の欺瞞を暴き出す。といって、ジョー自身、自らの歪んだ欲望に忠実なだけなのだが。『キラー・ジョー』はファニーで残酷で息をもつかせない、まさにフリードキン印の見事な作品だ。安易な感傷もメロドラマもここにはない。本作がグロテスクにカリカチュアライズしてみせるのは、どこまでも愚かな人間の本質的な姿なのだ。

（後に『キラー・スナイパー』の邦題でＤＶＤ化）

No.22 『旧支配者のキャロル』

「人が人を潰すなんてことはできない。人は勝手に潰れるんだ！」

そのとおり、アウシュビッツ的な極限状況においてさえ、最後まで潰れない人間はいる。一方、どうしようもなく些細な事柄で潰れていく人たちも確かに存在する。

高橋洋監督の『旧支配者のキャロル』は、人と人との潰し合い、いや、潰されまいという意志の激突を驚くべき重厚さで描ききった。

映画美学校の学生とのコラボレーション作品で、尺は約五十分と短め（撮影は五日以内、という規定がある）。制約の多い状況で作られた本作だが、このしたたるような濃密さはただごとではない。

物語はメタ的である。映画美学校で教鞭もとるベテラン女優・早川ナオミ（中原翔子）。学生の卒業制作作品への出演を請われたナオミは、監督のみゆき（松本若菜）に地獄のダメ出しを連発。みゆきは心身ともにズタズタになっていくのだが、しかし、撮

影が佳境に入ったとき、それまでの力関係にゆらぎが生じ始める。

メタ的といっても、本作にドキュメンタリー的な要素は一切ない。魔の力が支配する「撮影現場」はどこまでも禍々しく、「女優」は明らかに怪物として描かれる。撮影が始まってなお、主人公みゆきが未だ「学生」と「監督」のはざまで揺れ動いているところに恐怖とサスペンスがもたらされる。狂えばいいのか死ねばいいのか殺せばいいのか自らも怪物と化すべきなのか。題名に偽りはない。『旧支配者のキャロル』において、「卒業制作映画の撮影現場」は暗黒神話の様相を帯び始めるのである。

No. 23 ケヴィン・ウィリアムソンを殺したい

「スクリーム」シリーズを通して、脚本家ケヴィン・ウィリアムソンは「オレの考えるホラー映画の方程式」を声高に主張してきた。登場人物の口を借りて、いわゆるホラー映画、スラッシャー映画は陳腐で同じパターンの繰り返しだと指弾し、「オレはもっと意外性のある面白いことを考えているんだ！」と叫んできた。大きなお世話だと思ったし、映画内で同ジャンルの映画に言及するのは、多くの場合あまり利口なことではない。それが、「自己言及的」の一線を踏み越えて、他罰的になっているとしたらなおさらである。

『スクリーム』の脚本で一躍時の人となったケヴィン・ウィリアムソンだが、その後のキャリアはパッとしなかった。「スクリーム」シリーズ以外には『ラストサマー』『鬼教師ミセス・ティングル』など数本の小品があるのみで、ここ十年はTVドラマの企画、脚本以外はほとんど仕事らしい仕事をしていないありさまだ（『ウェス・クレイヴン's

カースド』があったけど)。いっぽう、二〇〇〇年代のホラー映画界はイーライ・ロスやジェームズ・ワン、ロブ・ゾンビ、アレクサンドル・アジャといった才能によって、新たな黄金期を迎えている。

『スクリーム4』冒頭には「『ソウ』シリーズやトーチャー・ポルノなんてクソだ!」というセリフが登場する。「エイリアンやゾンビなんてくだらない。まったくリアルじゃない! ナイフ殺人こそリアルなんだ!」、「最近のホラーはえげつない殺しばかりでキャラクターに深みがないじゃないか!」。どれもウィリアムソンの本音なのだろう。でも、たとえそう思っていたとしても、それは映画の中で登場人物に言わせるべきことではない。ウィリアムソンは焦燥感にかられて一線を越えてしまった。

映画評論家ジョー・ボブ・ブリッグスはホラー映画ファンを評して「世界一ジャンルに忠実な人々」だと言った。それぞれ好みはあれど、ホラーファンは血と恐怖にまみれたジャンルを心の底から愛している。決して出来が良い作品ばかりでないのは百も承知のうえで、我々は今日も絶叫が響き渡る映画館に足を運ぶ。えげつない殺し？　おおいに結構。トーチャー・ポルノも実に結構。エイリアンやゾンビだって最高だ。ナイフで殺しまくる殺人鬼と同じようにだ。『ソウ』シリーズは創意工夫にあふれた作品だし、人物に深みだって（それなりに）ある。もうよそう。

ウェス・クレイヴン監督がいつも通りきちんと仕事をしている『スクリーム４』には面白いところもある。だが、ケヴィン・ウィリアムソンのジャンルに対する悪罵にはつくづくうんざりだ。「薄っぺらい人物」が「単にえげつなく殺される映画」は最高なんだよ！　ケヴィン・ウィリアムソンのバカ野郎！

No.24 スピルバーグ

『マイノリティ・リポート』で、トム・クルーズ演じる主人公アンダートンは、予知能力者のアガサを連れてヴァーチャル・リアリティ・アーケードを訪れる。『トータル・リコール』のように、ヴァーチャルな冒険を提供する娯楽施設だ。一列に並んだブースにはそれぞれ客が横たわり、思い思いの「ヴァーチャル体験」を楽しんでいる。アーケードの主は言う。「バンジージャンプにスカイダイビング、すべて安全に楽しめる。セックスだって思いのままだ。男が女に変身してのセックスも人気だね」。その言葉どおり、ブースに横たわった客には3D映像の女がまたがり、また別の客の周囲では風景がものすごい勢いで飛びさってゆく。「外から」そんな映像が見えるわけないと思うが、短いシーンでもあり、分かりやすく見せるにはそうするしかなかったのだろう。店主は新しい客を案内している。「で、あなたはどんな冒険をしたいんで？」、「じょ、上司を殺したいんだ」、「……なんだって？」、「上司を殺したい！」、「帰ってくれ、お前みたいなキチガイが世の中を悪くするんだ！」。

ブラックな笑いにまみれた『マイノリティ・リポート』でも一、二を争う病的なギャグである。だが、シーンはまだ終わらない。アンダートンを追う警察がアーケードに乗り込んできたのだ。ブースをひとつずつ開けて中を確認する警察。とあるブースの男が、ヴァーチャルなパーティ会場で、高級そうな服で着飾ったヴァーチャルな太鼓持ちに取り囲まれ、賞賛を浴びている。「あなたは本当に素晴らしい！」、「いやいや」、「最高の人だわ！」、「どうも、どうも」。

はじめて『マイノリティ・リポート』を観たときから、この場面が頭に残って離れない。いったい、これは何なのか？　どんなセックス・ファンタジーでも思いのまま、宇宙を股にかけた冒険さえ夢ではない（まあ、夢だが……）状況にあって、「パーティ会場でみんなに褒め称えられる」体験をわざわざ希望する客なんて想像がつかない。いくら何でも侘しすぎる。

この場面が編集で削ぎ落とされずに残っているのには意味があるはずだ。

スピルバーグがアカデミー賞を切望していたのは有名な話だ。『未知との遭遇』で七八年度オスカー監督賞にノミネートされて以来、『レイダース／失われたアーク《聖櫃》』、『E.T.』といった怪物的な大ヒット作を放つもアカデミーから無視され続け、それならと文芸作品に挑んだ『カラーパープル』もなしのつぶて。悲願を果たしたのは九四年度『シンドラーのリスト』でのことだ。実に、十六年の歳月が過ぎていた。五年後には『プライベート・ライアン』で再び監督賞を手にすることになる。

賞レースで洟も引っ掛けてもらえなかったころから、スピルバーグは常に興行収益に敏感だった。映画が公開されるたび、スピルバーグは映画会社に毎週の売上を逐一報告させた。オスカーが取れなくとも、大ヒットしていることが心の支えになったからだ。というより、大ヒットによって「作品が一般大衆に愛されている」ことが確認できるのが重要だった。スピルバーグは自身を作品と同一視しているので（「ぼくはぼくが作る映画そのものだ」）、作品がポピュラーであること、イコール自分が認められることでもある。

その傾向は、賞レースどころか、劇場デビュー作のころからすでにあった。『続・激突！　カージャック』公開前、「果たしてこんな陰気なエンディングが、観客に支持されるのだろうか」と思い悩んだスピルバーグは、本気で「主人公二人が子供を奪還するハッピーエンド」にしてもいいと思っていた。幸い、周囲の説得もあって、そんなバージョンにはならなかったのだが。それにしても、劇場デビュー作のエンディングを一八〇度変えてもいいと思う若い監督は珍らしい。大衆に受ける＝ポップであることは、そこまでスピルバーグの骨身に染み付いている。作品のもつ意味とは、スピルバーグにとって、ひとえに観客の支持を得られるかどうかなのだ。

オスカー監督賞を二回受賞したスピルバーグはヴァニティ・フェアの喧騒に背を向けた作品をたて続けに監督する。『A.I.』と『マイノリティ・リポート』。どちらも喪失にまつわる物語である。

冒頭でふれた『マイノリティ・リポート』のヴァーチャル賞賛シーンが、必然性をもって浮かび上がってくる（ここで、主人公がみんなにチヤホヤされる自慰的な夢想シーンで自らの映画を締めくくり、オスカー授賞式の壇上で「俺は世界の王だ！」と叫んだジェームズ・キャメロンを比較対象として思い浮かべるのもいい）。

スピルバーグが好きな画家はノーマン・ロックウェルだ。ラグジュアリーやアートにほとんど興味を示さないようにみえるスピルバーグだが、唯一、ロックウェルの作品だけは原画を何枚も所有している。

ノーマン・ロックウェルは、戦前から六〇年代まで『サタデー・イヴニング・ポスト』誌の表紙絵を手がけたイラストレーター。ユーモラスな筆致で、人情味あふれる「古き良きアメリカ」のイメージを描いたロックウェルの絵画は日本でも人気がある。

スピルバーグの映画で、ロックウェル絵画の直接的な影響が見られるのは『1941』だが、「スピルバーグ印」の製作作品にはロックウェルの雰囲気がいつも漂っている。『バック・トゥ・ザ・フューチャー』や『グレムリン』、『ニューヨーク東8番街の奇跡』といった作品にはロックウェル的なテイストが通底している。フランク・キャプラ的と言い換えてもいい。フランク・キャプラの映画も、ノーマン・ロックウェルの絵画も拠って立つところは同一だからだ。きわめて「アメリカンな」楽天主義。「ヒューマニズム」。

通俗的で大衆に受ける（＝「ポピュラーである」）ことはスピルバーグにとって大きな意味を持っている。スピルバーグは常に「ポップ」であろうとしてきたし、そうでなければいけないという強迫観念すらある。

かつてスピルバーグはこう明言していた。「ぼくは本はいっさい読まないんだ」と。彼の創作の源泉は常に映画だったし、あとはマンガとSF雑誌などで、そこがルーカスやコッポラなどと根本的に違う。スピルバーグの作品や態度は言葉は悪いが「反・知性的」とすら思えるほどだ。大所高所から見下ろした目線は「大衆」の最も嫌うところだ、ということをスピルバーグほど分かっている映画監督はいない。学識や教養に基づく「ハイブロウ」な世界観を、スピルバーグが受け入れることはないだろう。

「スピルバーグの考える映画」とは、感覚的なレベルで「共感」できる、シンプルなヒューマニズムに支えられたものだ。その基盤こそが全世界的なヒットを約束する、という信念がスピルバーグにはある。

スピルバーグの映画は「幼稚で子供じみていて」、「深みや考察に欠ける」という評価が『シンドラーのリスト』以前は一般的だった。その指摘は正しい。スピルバーグはあえて「幼稚で子供じみていて」「のんきな楽観主義に根ざした」映画を作り続けてきた。それこそが大衆の心を摑むと知っていたからでもあり、それが自分の信じる価値観と一致するところでもあったからだ。

ほころびが生じたのは『カラーパープル』のときだった。「文学」に(おそらく人生で初めて)触れたスピルバーグは、「大衆の価値観」にそぐわない部分をことごとく削ぎ落とさずにいられなかった。「古き良きアメリカ」に、(原作にある)黒人女性同士のレズビアン描写など問題外だった。公開当時、スピルバーグは「悲惨な過去を〝ノーマン・ロックウェル化〟してしまった」と批判された。許されざる暴力はなりをひそめ、代わりにユーモラスな場面が挿入された。陰鬱な場面では、ストーリーから観客の注意を逸らそうとするかのように、カメラが縦横無尽に動きまわった。何かが、ひどく間違っていた。

『カラーパープル』以前のスピルバーグ映画は、ほとんどコミック的に凶暴な悪役が特徴だった。『激突!』のトラック、『ジョーズ』のサメ、『レイダース』のナチ、『魔宮の伝説』のサギー教徒……。コミック的、というのは「完全な悪役」という意味だ。『レ

イダース』のベロックを稀有な例外として、残りはみんな骨の髄まで悪党ばかり。

いっぽう、敵役のように登場したとしても、実はそれほどでもなかったというパターンもあった。『E.T.』のキーズや、『続・激突！』のタナー警部がこれに当たる。

つまり、世界観が単純だった。

理解できない究極の悪党と、最終的には分かり合える「味方」しかいないんだったら、話は簡単だ。悪い奴をやっつけて万々歳でいいからだ。

『カラーパープル』にスピルバーグが手こずったのは、そういう単純な二元論で片付けられない人物が描かれていたからだ。『カラーパープル』に登場する、主人公を虐待する一方で別の女には優しい一面を見せ、猜疑心の塊で、なおかつ男尊女卑、という「ミスター」のような複雑な人物は、それまでのスピルバーグ映画にいなかったタイプである。困ったことに、「ミスター」のような人物は今でも存在し、そのすべてを時代背景のせいにすることもできなかった。こういうアンビバレントな悪党を描くのに長けた映画監督は多いが、『カラーパープル』当時のスピルバーグはそうではなかった（今でも違うと思う）。

続く『太陽の帝国』で、スピルバーグは再度同じ難問にぶつかった。『ジョーズ』のサメみたいに日本軍の兵士を描くわけにはいかなかったが、「ロックウェル的な」登場人物に改変することもできない。主人公の少年が収容所で知りあう不良外人も同様である。

スピルバーグは、きわめて映画的な解決法を試みた。『太陽の帝国』全体を、一種の地獄めぐりライドとして構成したのだ。ライド形式のお化け屋敷では、次々とおそろしげな怪物が現れては消えていくが、それと同じことである。単純に「いいもの」、「わるもの」と判断できない、何か異形のものが次々と通りすぎていく感覚。

これはうまくいった。少なくとも『カラーパープル』よりはずっとよかった。異常な状況の中、異常な人物に取り囲まれて少年が発狂するという話に、語り口がうまく合ったのだ（エンディングはまるで『13日の金曜日・完結編』のようだ）。

以降、スピルバーグは悪夢的な世界を「ライド的に」描く方向へとシフトしていく。途中いったん『オールウェイズ』で揺り戻しがあり、『フック』で「遊園地感覚」と「ライドのもたらすドライブ感」を取り違えたことはこの際忘れたい。

『太陽の帝国』はしかしなぜ、転機となり得たのだろうか。「スピルバーグの飛行機愛好癖」はよく知られているが、以前の映画、たとえば『1941』や『世にも不思議なアメージング・ストーリー』(『最後のミッション』)と『太陽の帝国』には決定的な違いがある。

『1941』では、ロス上空で、ジョン・ベルーシが『スター・ウォーズ』もかくやの空中戦を展開する。『アメージング・ストーリーズ』は爆撃機の乗組員の話だ。ひるがえって、『太陽の帝国』の主人公は捕虜になったジェイミー少年で、かれは整備兵やパイロットを〝国籍を問わず〟畏敬の念をもって見つめるだけだ。単に「主人公が飛行機を操縦しなくなった」というだけではない。少年は、戦争の勃発によって上海の租界を追われ、日本軍の収容所に捕らえられる。彼の運命はまったく他者に委ねられており、自らコントロールすることはできない。それまでのスピルバーグ映画の主人公と違い、『太陽の帝国』のジェイミー少年は、あらかじめ自律的に行動する可能性を絶たれている。世界は、彼の周りを無情に過ぎ去っていく風景としてある。

彼の視界に現れては消える人々は共感の対象ではなく、一連の不気味な顔でしかない。『太陽の帝国』が「ライド映画」にしかなり得なかったのはそういうわけだ。ジェイミー少年は主体性を欠いた「ライドの乗客」であり、観客=大衆は、彼の「カート」の同乗者だ。

この「ライド感覚の発見」は重要である。というのも、おそらく、そこにおいてのみ、「ポップ」な「大衆の価値観」が、悪夢的なビジョンと衝突せずに出会えるからだ。観客は「ロックウェル的な価値観」を保ったまま、異形のものたちが過ぎ去っていくさまを楽しめばよい。実際はそこまで安全な映画作りをスピルバーグはしておらず、観客にコミットメントを要求する場面もないことはないが、枠組みとしては「ライド」である。

きわめて意識的な「ライド場面」の嚆矢となったのは、『インディ・ジョーンズ／最後の聖戦』の、トンネルの場面だ。ジョーンズ親子が乗った車を追うドイツ軍の戦闘機が、トンネル入口で大破。両翼をもぎとられた胴体部分が、燃え盛りながら猛スピードで車の横を通りすぎていく。そのとき、インディたちと、数秒後に死ぬドイツ兵の目が合う。まさに悪夢のライドと言うしかない異様な場面である。ところで、「ライド」というと『インディ・ジョーンズ／魔宮の伝説』のトロッコを思い浮かべるかもしれないが、あれはライド感覚とはちょっと違って、むしろヴァーチャルなジェットコースターとして機能している。風景が代わり映えしないし、次々と何かが登場するわけではないからだ。逆に、『最後の聖戦』におけるナチス党大会の場面などは、明らかに「ライド感覚」が支配していた。

『最後の聖戦』では一部にとどまった「ライド感」を、徹底的に推し進めたのはもちろん『ジュラシック・パーク』。ことごとくライド的に演出された本作は、映画からフィードバックして、実際に遊園地にライドが作られたという意味でも特筆に値する。なお「映画からライドへ」というフィードバックは『E.T.』がすでにやっていた。ところで、テーマパークの『ジュラシック・パーク』や『E.T.』のライドと、『スター・ツアーズ』が本質的にまったく違うものだ、ということは指摘しておきたい。『スター・ツアーズ』が単に拡張された映画館なのに反し、『ジュラシック・パーク』と『E.T.』は、それぞれディズニーランドの『ジャングル・クルーズ』および『ピーター・パンズ・フライト』に対応する生粋の「ライド」として設計されているからだ。『インディ・ジョーンズ』のライドも同様である。

その後も「スピルバーグ・ライド」は洗練を加えつつ疾走している。『シンドラーのリスト』と『プライベート・ライアン』は、どちらも「ライド的映画」の到達点として観直されるべきだ。『A.I.』、『マイノリティ・リポート』、『宇宙戦争』、『ミュンヘン』……いや、『キャッチ・ミー・イフ・ユー・キャン』だって『ターミナル』だって「ライド映画」に加えていいかもしれない。

と、書いてくると、そもそも映画というメディア自体が「ライド的」なのでは？　という疑問が生まれると思う。そうかもしれないし、そうでないかもしれない。たとえば「モンド映画」は一見「ライド的」に見えるが、その実「パノラマ的」なものだ。「ジェットコースター映画」と「ライド映画」も違う。『レイダース』は「ジェットコースター映画」だと思うが、「ライド映画」ではない。『レイダース』はもっと古典的な作りのエンターテインメントであり、ここでいう「ライド映画」は言ってみれば退廃だからだ。観客に考える間を与えず、アドレナリンを分泌させるのが「ジェットコースター映画」だとすれば、「ライド映画」は、ニヤニヤしながらカートの横を通り過ぎていく作り物の怪奇を楽しむ感覚に近い。「考えるひまがない」のではなく、「アトラクション自体が持つ時間」に耽溺するのが「ライド感覚」と言ったらいいだろうか。

そして、「ライド」は乗った人の価値観に影響を与えない。スピルバーグは大衆の価値観に迎合しこそすれ、それを転覆しようとしたことは一度もない。スピルバーグが確信するとおり、そういうことをしないからこそ、どんな残酷が繰り広げられ、肉片が画面を埋め尽くそうともスピルバーグの映画は支持され続ける。薄気味悪い登場人物や、血なまぐさい惨劇も、亡霊のように目の前を過ぎ去っていくだけだ。我々は、物珍しげにあたりを見渡していればよい。「残酷」で「悪夢的」なライドはやがて終わる。だが、トンネルの外には、本当に残酷で真に悪夢的な現実が待っているのではなかったか?

スピルバーグが映画を作り続けるのは、自身の「ライド」の出口を永遠に引き延ばすためでもある。

No. 25 『インランド・エンパイア』

デヴィッド・リンチについては多くの誤解があるように思う。その最たるものが「リンチは難解」というやつで、一体どうしてそんな評判が広まったのかまったく理解できない。リンチ映画は常にベタでストレートなものだったし、そのベタさ加減がリンチの持ち味とさえ言える。『イレイザーヘッド』では本当に人間の頭が消しゴムになるし、『ブルー・ベルベット』には「青いベルベット」を安心毛布代わりにしているヤクザが登場する。リンチの考える悪役のベタさ加減も際立っている。裏でポルノと麻薬の取引をしていて（『ロスト・ハイウェイ』、『ブルー・ベルベット』）、家に裸の女をはべらしていたり（『ワイルド・アット・ハート』）、映画業界に顔が利いたりする（『マルホランド・ドライブ』）コワモテが、リンチの考える「悪役」なのである。これをベタと言わずしてどうしろというのか。

題名やキャラクターと同様に、作品の内容も大抵の場合おそろしくベタなので、リンチ作品には簡単に要約できるという特徴がある。分かりにくいとしたら、それがリンチ独特の「ぼくの考えたナントカ」だからである。簡単に言うと、たとえば難解とされている『マルホランド・ドライブ』は、「リンチの考えたハリウッド」についての映画だと言うことができる（ついでに言えば、現実のハリウッドがリンチの想像や、『サンセット大通り』または『イナゴの日』のような映画ほど面白くなかったことに対する異議申し立てでもある）。

そういう意味で、新作『インランド・エンパイア』はきわめてリンチ的な映画だ。それもそのはずで、『インランド』には、これまでのリンチ映画の要素がまさに「身も蓋もなく」ぶち込んであるからだ。あまりにも何もかもが一目瞭然なので、分析や解説の必要がまったくない、と言ってもいい。

テーマはだいたい『ツイン・ピークス／ローラ・パーマー最期の7日間』と同じだ。混乱した女（ローラ・ダーン）が、現実と妄想の間でさまよったあげく、悲劇的な結末を迎える。世界は悲惨に溢れかえっており（『ワイルド・アット・ハート』『ブルー・ベルベット』）、女（主人公）は常に自我の分裂の危機にさらされている（『ツイン・ピークス』『マルホランド・ドライブ』『ロスト・ハイウェイ』）。それら全てを超越的な視点で眺める〝神〟もいる（『イレイザーヘッド』）。

書いててバカらしくなってくるのでこのぐらいにしておくが、他にも『インランド』

には『ツイン・ピークス』映画版でトレモンド婦人の息子の仮面の下に隠れていたサルも出てくるし、やはり『ツイン・ピークス』（というかそもそもは『イレイザーヘッド』）で有名なギザギザ模様の床だって登場する。今回はギザギザの角が丸くなっていたが、あれはもしかして「リンチも歳をとって〈丸く〉なった」ということを表しているのだろうか……？（そんなわけはないが）

だが、その「身も蓋もなさ」にもかかわらず、『インランド・エンパイア』はかなり楽しい映画である。リンチ映画の愉しみはベタなストーリーやあからさまな「謎」よりも、むしろ空気感にあるからだ。ベースが強調された気怠い音楽とノイズが交錯する中、変な顔や動きの人々が行ったり来たりするところでリンチ映画は光り輝く。そして、いったんそれに中毒してしまうとなかなか抜け出せないのがリンチ作品のおそろしいところだとすれば、『インランド・エンパイア』はまさにリンチ中毒患者のための夢の帝国だと言えよう。

No.26 『ブレードランナー』

『ブレードランナー』を覆っていた神秘と謎のベールはＤＶＤ－ＢＯＸに収録された「未公開シーン集」と、そこに残っていたナレーションの存在によって完全に剝がされた。キューブリックがナレーションを全て取り去ったことで、分かりやすいＳＦだった『２００１年宇宙の旅』は「難解な映画」と受け取られるようになったが、削除されたナレーションを手に入れた我々は、今こそリドリー・スコットが当初思い描いていた『ブレードランナー』に触れることができるようになった。

そこで焦点となるのは「結局のところ、デッカードはレプリカントなのか？」そして「『ブレードランナー』の物語はハッピーエンドなのか？　バッドエンドなのか？」の二つである。

「未公開シーン集」には膨大な数の内省的・説明的なナレーションと捜査シーンが収録

されている。たとえば鱗の謎を追ってデッカードが模造蛇売りのエジプト人に会うシーンがある。ところがエジプト人が売っていた蛇は全てシリアルナンバーが同一だったことが判明（これはナレーションによって補完された情報）、デッカードは途方に暮れる。

そこで彼はタフィ・ルイスの店に行き、バーテンから新たな情報を得るわけだが、ハードボイルド・ミステリーとしては欠かせない一連の捜査シークエンスをリドリー・スコット監督はバッサリとカットしてしまった。映画のテンポを重視したためでもあるだろうし、説明的になりすぎることを嫌ったためでもある。「未公開シーン集」には、同様の理由でカットされた場面が数多く出てくるが、そのほとんどが「ミステリー的」であったり、「SF的」なものだったことは重要だ。リドリー・スコットの興味は「分かりやすい」ミステリ映画あるいはSF映画を作ることにはなかった。状況を解説するナレーションの数々もすべてカットされた。だから劇場公開版に残っていたナレーションは謎めいたものばかりになったのだが、それさえも嫌っ

たリドリー・スコットは最終的にすべてのナレーションを「ディレクターズ・カット版」で取り去った。まさに「キューブリック的」な決断である。

そこでデッカードの正体である。「ディレクターズ・カット版」で追加されたユニコーンの夢と、デッカードの赤く光る目は「デッカードもまたレプリカントなのでは？」という議論を巻き起こした。

完成した『ブレードランナー』はご存じのように極めてディック的に、シミュラクラだらけの世界で状況に翻弄される男を巡るドラマになっている。それに加えて、デッカードがレプリカントだったら一体どういうことになるのだろうか？

デッカードがレプリカントだった場合、『ブレードランナー』は巨大な陰謀の物語に変貌する。なぜなら、主人公たる「腕利きの元ブレードランナー」としてのデッカードなど存在しなくなってしまうからだ。捜査は茶番劇に成り下がる。ガフとブライアントは、単に「レプリ」としてのデッカードを監視しているに過ぎない。ではなぜ偽のブレードランナーの記憶を移植されたレプリカント＝デッカードが必要だったのか？　否応なしにロイ・バッティと対決するようデッカードが追い込まれたのは、自分もまたレプリカントだと知るためだけだったのか？　そうではない。バッティとの対決を終え、自らの正体を知ったデッカードは、実はすべてが創造主タイレルの思惑通りだったことを知る。バッティが残したメッセージは象徴的だ。「長さではない。重要なことはどのように生きるかだ」。

ガフはレイチェルを「廃棄」せずに見逃していた。デッカードとレイチェルは酸性雨のロスを抜け出し、まだ見ぬ新天地へ向けて旅立つ。「今日は人生で一番幸せな日」とレイチェルが微笑む。デッカードのナレーションがそれを補う。「我々がいつまで生きることができるか、それはわからない。しかし、その時がくるまで精一杯生きるしかないのだ」。言葉尻は前向きな印象である。そして、同じBOXに収録される「ワークプリント版」をはじめとするすべてのバージョンを見比べることによって、この結末に隠されていたタイレルの大きな意図を読み取ることができるようになった。

レイチェルはネクサス7、つまり「四年という生体期限」を外したレプリカントとして製造された。

「私たちは、つがいになるべくして作られたのね」

このレイチェルの台詞こそ「未公開シーン集」最大の衝撃と言ってもいい。つまりデッカードもまたネクサス7であり、二人は寿命が来るその日まで「つがい」として人生を送るのだ。なぜ模造人間レプリカントがつがいになる必要があるのか？　それこそがタイレルの野望であり夢だ。

街を出たデッカードとレイチェルは、子孫を残すだろう。やがて世代を経たレプリカントはコミューンを形成し、人間となんら変わらないレプリカントの社会が出来上がる。寿命の枠を外し、生殖が可能になったレプリカントはもはやシミュラクラではない。模造品だったレプリカントは、そうなって初めて魂を持つ「本物」として人間との差異を乗り越える（レプリカントにキリスト教的な意味での魂があることは、バッティの死後飛び立つ鳩の映像からも明らかだ）。何がリアルで何がコピーか、という問題は最終的に意味を成さなくなる。まさにディック的なテーマだ。

結局リドリー・スコットは「次世代型レプリカントの未来図」をほのめかすことを放棄した。「ディレクターズ・カット版」ではデッカードがレプリカントだと示唆しているものの、「つがいとして作られたネクサス7」についての台詞やナレーションが復活することはなかった。おそらくリドリー・スコットは気づいたのだ。人生と同様、解説や説明が映画の命を取り去ってしまうことがあることに。

完成した『ブレードランナー』は幾通りもの読み方が可能な、謎めいた作品である。くどくどした解説は編集室の闇に消えていった。そう、まるで雨の中の涙のように……。

No.27 『ブレードランナー』カットシーン研究

初公開から二五周年。『ブレードランナー』は今なお熱狂的に支持されるＳＦ映画の金字塔だ。

シド・ミードによる圧倒的な近未来ロスの景観やメビウスの独創的な衣装は言わずもがな、寡黙な主人公デッカード（ハリソン・フォード）をはじめとする登場人物の魅力、そして映画自体が孕む数々の謎……。

だが、今回発売される『ブレードランナー製作25周年記念アルティメット・コレクターズ・エディション・プレミアム』に収録される「未公開シーン集」は、そんな『ブレードランナー』が、一歩間違えればトンデモ大作にもなり得た可能性を赤裸々に映し出して観る者を慄然とさせる。

「未公開シーン集」はデリーテッド（削除）シーンとオルタナティヴ（代替）シーンで再構成された「もうひとつの『ブレードランナー』」だ。撮影されたものの、まったく本編に残っていない場面も数多く、監督リドリー・スコットが多くの手がかりを非情にも切り捨てた事実が明らかになる。

驚かされるのは、本編ではついぞ使用されなかったデッカードのナレーションの存在だ。このナレーションはほぼ映画全編に渡って状況説明を行うのみならず、登場人物の性格、さらにはデッカード本人の揺れ動く心情まで語ってしまう。同僚ガフに対する不信感や、ヒロインのレイチェルに対する心情、別れた女房への愚痴（一緒に写った写真まで出てくる）。ナレーションは時として唖然とさせられるほど説明的だ。「驚いた！彼女までがレプリカントだったなんて！」。

過剰なビジュアルで知られる『ブレードランナー』だが、完成した本編の語り口は極めてクールであり、謎も多く残された。デッカードもレプリカントも、一見しただけでは何を考えているのかよく分からず、その過去も行動原理も観客の想像力に委ねられる。ファンはセリフや表情の端々から意味を読みとろうと繰り返し『ブレードランナー』を観る。こうして『ブレードランナー』は二五年の永きに渡って愛され続けるカルト的な作品となった。

「デッカードもまたレプリカントなのか？」というのは『ディレクターズ・カット版』発表時に議論を巻き起こしたテーマだ。赤く光る目、ユニコーンの夢、ガフの意味ありげなセリフといったヒントはその可能性を濃厚にほのめかす。今回明らかにされたナレ

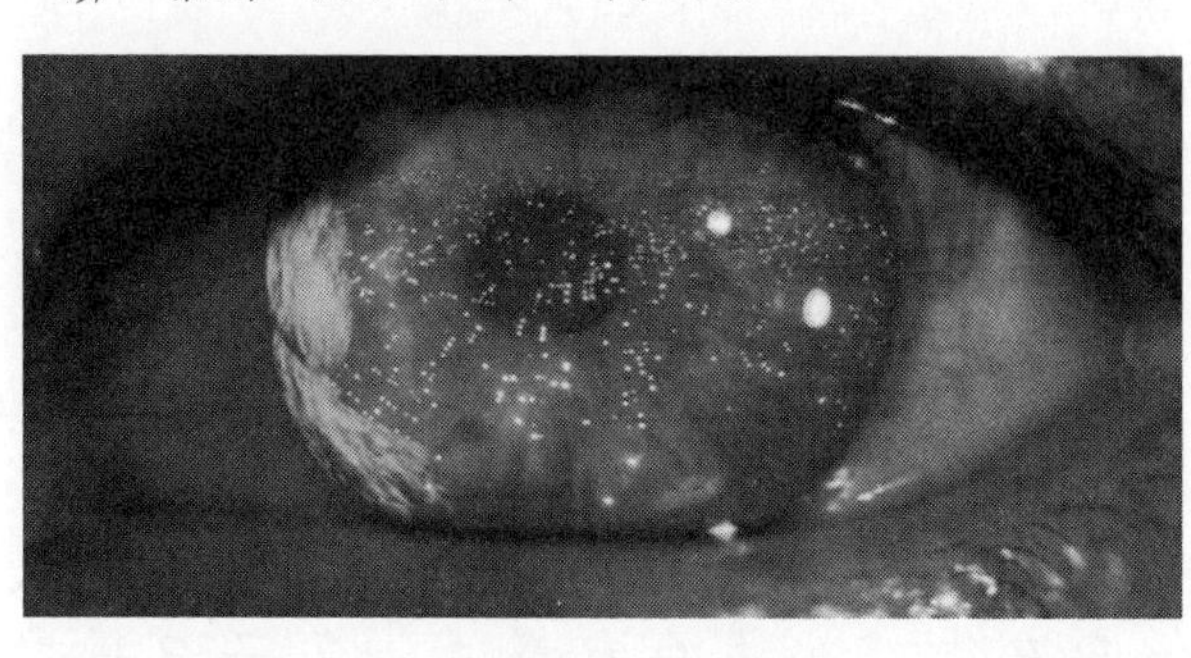

ーションの数々は、『ブレードランナー』の多岐に渡る読み方の可能性を限定してしまう。のみならず、いくつかの重要な事柄については完全に解き明かしてしまう。とすると、今回の「未公開シーン集」のリリースは『ブレードランナー』の魅力を削いでしまう野暮な企画なのだろうか？

そうではない。「未公開シーン集」は『ブレードランナー』の歴史において、どの再編集版よりも重要な意味を持っている。これまで噂されてきたロスト・フッテージは主に「ワークプリント版」（DVD-BOXにおいて初ソフト化）にあって本編にない場面がほとんどだが、「未公開シーン集」によって『ブレードランナー』世界の奥行きはかつてなく深まった。丸ごとカットされていた幾つものエピソードが復活したことによって、登場人物たちの印象も一変する。たとえば本編のホールデンはスマートな刑事という印象だが、実は「お前、そのヘビ女とハメたのか？　ヤったんだろ？」などと下品な軽口を叩く男だったことがわかる。デッカードのナレーションで「奴は能無しだ」と断言されるブライアントも、その評価とは逆に監視カメラで常にデッカードの動きをチェックし、ガフと共に陰謀を巡らす食えない人物だったことが分かる。ユーコン・ホテルではデッカードらが立ち去った直後にレオンが部屋に現れるが、このことによってガフが残したヒトガタが実はレプリカントたちに宛てたメッセージであったことが判明する。「うろこ」が手がかりだとデッカードが気づく印象的なシークエンスにも驚かされる。映画でも原作でも、『ブレードランナー』の時代は自然破壊が突き進んだ結果、動物が地球上からいなくなってしまっているという設定だ。だからデッカードはホテルで拾った「うろこ」が何なのか理解できない。捜査に行き詰まったデッカードは再び「ふたつでじゅうぶんですよ」の屋台で食事をするが、そのとき、隣にいる客が食べている海鮮丼を見て初めて「これがうろこというものなのか！」と気づくのだ（動物が死滅した世界でなぜ海鮮丼が安く食えるのかは不明）。

クライマックスでロイ・バッティが語る謎の言葉も「未公開シーン集」で明らかになる。「タンホイザー・ゲート」は戦場の名前だ。レプリカントたちが外宇宙で行われている代理戦争のために作られた、ということが台詞ではっきりと説明される。

『シネフェックス』の特集から、『メイキング・オブ・ブレードランナー』（品川四郎監訳・ソニー・マガジンズ刊）、『ブレードランナーの未来世紀』（町山智浩著、新潮文庫）にいたるまで、多くの謎を孕んだ映画として語られることの多かった『ブレードランナー』。今回の「未公開シーン集」や「ワークプリント版」の発表は幾多の謎を明らかにする一方で、監督リドリー・スコットの意図をもくっきり浮かび上がらせた。特定の場面やナレーションが削除されたのはなぜか。どうしてデッカードがレプリカントだとはっきり分かる台詞をカットしたのか。巨大都市の背後にさらなるメガストラクチャーがそびえ立つ、シド・ミードのデザインそのまんまの特撮カットはなぜ消え去ったのか。

明らかにリドリー・スコットは『ブレードランナー』を、『エイリアン』のようなSF映画として仕上げるつもりはなく、ハードボイルド・ミステリーにしようともしていない。「SF的」なビジュアルも、ミステリーを盛り上げる捜査過程も『ブレードランナー』本編からはあっさり削除されている。代わりに残ったのは状況に翻弄され、混乱する一人の男の姿だ。

スコットが『ブレードランナー』で目指したものは、「登場人物の行動こそが、その人間を形作る」という、監督デビュー作『デュエリスト／決闘者』で設定したテーマに近い。『デュエリスト』の登場人物は「決闘をするために生きているのか」、「生きるために決闘をするのか」の狭間で揺れ動くが、同じことが『ブレードランナー』にも言える。

デッカードはレプリカントを狩る「ブレードランナー」を職業にしている。しかし（『ディレクターズ・カット版』で描かれたように）自らもまたレプリカントではないかと疑問を抱いた途端、自分の存在の根幹が揺らぎ出す。このアイデンティティの揺らぎはフィリップ・K・ディックの世界そのものだ。追うものだと思っていた自分は、実は追われる者なのではないか？　賢明にもカットされた「未公開シーン集」のナレーションではデッカード自ら、こうした苦悩を吐露してさえいる。

ディックの作品世界はよく「パラノイアック（偏執的）」と評される。何が本物で何が偽物なのか？　本物ソックリに作られた偽物と本物の差は、実は存在しないのではないか？

こうした思いに囚われてしまう恐怖と不条理をディックは生涯描き続けた。そしてリドリー・スコットがディックの本質――都市生活者はお互いに顔こそつき合わせているが、決してその本心を知ることはできないというパラノイアックな感情――を描こうとしていたことが、今回の「未公開シーン集」によって明らかになったのである。

No.28 メビウス

やはり、『トロン』はどこまでも先鋭的な映画だったのだと思う。

コンピュータ回路の中を舞台に、プログラムを人格として描いたのも先鋭的なら、メビウスやシド・ミードといった天才に存分に腕を振るわせ、彼らのビジョンをそのまま映像化してみせたという意味でも先鋭的だった。

アニメ作品（八二年の『時の支配者』など）を除外したとき、「映像化されたメビウスのアート」としてまっさきに思い浮かぶのは、『トロン』の〝タワーの守護者〟ことデュモントの姿である。台座に埋め込まれて自在に回転するデュモントは、特徴的な長い帽子も含め、メビウスのイマジネーション以外に出自が想像できない。

あるいは『ブレードランナー』のロサンゼルス。都市の景観をデザインしたのはシド・ミードだが、リドリー・スコット監督も明言しているとおり『ブレードランナー』のランドスケープはメビウスのコミック『ロング・トゥモロー』抜きには語れない。

『ブレードランナー』でメビウスは衣装デザインも手がけているが、突出した「メビウスらしさ」が感じられる衣装の数々は、背景のモブに溶け込んでしまっている。リドリー・スコット監督がメビウスに心酔していたのは一目瞭然で、監督自身が手がけたストーリーボードが明らかに「メビウス・タッチ」で描かれているのが微笑ましい。リドリー・スコットがらみでは『エイリアン』のまるで甲冑のような宇宙服も忘れるわけにはいかない。が、最終的に映画として完成した『エイリアン』における「メビウス感」はそこまで強くない(同様に宇宙船イラストで知られるクリス・フォス色もまったく失われた)。ロン・コッブとギーガーのデザインが画面を埋め尽くしてしまったからだ。

そして実現しなかったホドロフスキーの『デューン』……。奇しくもやはり『エイリアン』で不遇だったクリス・フォスの宇宙船(スパイス運搬船のイラストはため息が出るほど素晴らしい）が宇宙を飛び交い、メビウスの描いたハルコンネン男爵がギーガーのデザインした椅子に座る様子は、さぞかし豪奢なものだっただろう……作られずじまいに終わったことが本当に悔やまれる。

こうしてみると、メビウスの意匠がそのままの形で全面的に取り入れられた映画は結局『トロン』しかなかったのか、という気がしてくる。『マスターズ／超空の覇者』は衣装デザインに関わったものの、最終的なビジュアルはプロダクション・デザイナーのウィリアム・スタウトのテイストでまとめられた。ルーカスの『ウィロー』のために描きおろしたデザインの数々はまったく採用されなかった。

『フィフス・エレメント』には、ある程度メビウスっぽさが残っているだろうか？　たしかに中華屋台船や、宇宙のオペラ歌手、それにいくつかのセットにはメビウスらしさがよく出ているが……。リュック・ベッソンは「自分なりのB.D.感」を醸成するのに忙しく、メビウスのデザインを真に尊重した映画には成り得ていないのではないか、というもどかしさは残る。未見だが、映像化された『ブルーベリー』はちょっと話が別かもしれない。『ブルーベリー』は西部劇で、ファンタジー世界に遊ぶものではない。『トロン』に戻ろう。観れば観るほど、『トロン』こそが「実写で再現された唯一のメビウス・ワールド」だと確信する。

それは世界観に関係があるはずだ。電子が飛びかい、プログラムが燐光を発しながら

行き来する『トロン』の世界には、現実と同じような重力は存在しない。電子の崖から「下に落ちる」描写はあるが、それは現実とは違う、どこかスローで甘美な落下である。加えて、『トロン』のプログラム世界そのものが、マクロとミクロが入り交じり、どちらが上で下かわからない亜空間である。

　もちろん、メビウスを「無重力感」、「浮遊感」だけで要約するつもりはない。それこそ『ブルーベリー』を挙げるまでもなく、リアルで汗臭い世界だってメビウスは自在に描いてみせた。おそらく依頼の方法も悪かったのだろうが、『トロン』以外の映画は、メビウスの優美なデザインを持て余したのだろう。監督や制作会社のビジョンをはるかに越えた、異質で斬新なものをメビウスが提出してしまった、と言ってもいいだろう。憶測の域を出ないが、もともとの企画のテイストと整合性を保つため、泣く泣くメビウスのデザインを不採用にしたケースもあったに違いない。

『トロン』は違った。なにせ、電子サーキット内の世界なんて誰も見たことがないのだ。そこの住人たる「生きたプログラム」の姿形について、誰が想像できよう？　その不可能を可能にした天才こそがメビウスだった（シド・ミードしかり）。孤高のオリジナリティが、異色の設定と奇跡的に結合できた作品、それが『トロン』なのだ。

No. 29 追悼ケン・ラッセル

狂騒の果てに虚無が訪れることをケン・ラッセルはよく分かっていた。物事には必ず終わりがある。貴金属と宝石で飾り立てようが、酒池肉林で忘我の境地に達しようが、精神と肉体を超越して別次元を体験しようが、やがてすべて終わる。ケン・ラッセルがナチスのモチーフを頻繁に引用するのは、その短い歴史の中に、栄華と転落の物語が凝縮されているからでもある。

だが、「やがて終わる」から何だというのだろう?

ニヒリズムに堕するのは簡単だが、ケン・ラッセルはそうしなかった。代わりに彼は、虚飾と強欲にまみれたこの世の快楽あるいは地獄を徹底的にオーバーに描いた。人間の生を称揚するために。だってあの世なんて絶対にないから。だって神なんていないから。そういう意味で、ケン・ラッセルの映画はきわめてサタニックな色彩を帯びている。

『リストマニア』の巨大ちんぽや『白蛇伝説』の白蛇、『アルタード・ステーツ』に至るまで、彼の映画はちんぽやまんこのモチーフに埋め尽くされている。が、メタファーというには余りにもあからさまな性器イメージの乱発も、そう考えれば納得がいく。生は性だし、愛はセックスだからだ。「生きてるって最高」＝「ちんこが勃って嬉しい」だからだ。このような表現は物議を醸したし、映画評論家はこぞってケン・ラッセルを攻撃した。ちんぽがあって生きててよかった！　というストレートすぎる物言いは、気取り散らかしたイギリス人の逆鱗に触れた。ケン・ラッセルは「悪趣味で裸にとりつかれた異常な監督」とレッテルを貼られたが、そんなことで彼の態度は変わらなかった。だって本当のことだから仕方ないのだった。

「キッチュでエログロ、バカバカしさの極み」と評されることもあるケン・ラッセルの作風は信念に基

づいている。

『リストマニア』中盤に、リストと妻の結婚生活と、その破綻が描かれる場面がある。臆面もなく早送りで、チャップリンの無声映画をコピーしたくだりである。流れる音楽はラグタイム調（にしたリストの曲）。公開当時でさえ、こんなベタな表現は笑止千万だった。少なくとも、そう思われていた。

そうではなかった。幼少時、ケン・ラッセル少年は自宅の地下で映写機を見つけた。一九三〇年代のことだ。そこには、ベティ・ブープやフェリックス・ザ・キャット、それにチャップリンのフィルムもあった。少年は、来る日も来る日も手回し式の映写機で同じフィルムを観て過ごした。スクリーンの中で、チャップリンもベティさんも永遠に若々しく、生を謳歌していた。少年は映画の魔力にうち震えた。

映画にも、人生と同じように終わりは来る。だが、フィルムに残された生の躍動は永遠だ。映画の持つ、このアンビバレントさがケン・ラッセルを虜にした。スクリーンを黄金とちんちんで埋め尽くすことに最後までこだわったケン・ラッセルは、本気で映画と人生を交錯させようと試みたのだと思う。

No.30 『ロッキー・ホラー・ショー』

かつてジョン・ウォーターズはカルト映画をこう定義した。「カルト映画、と言うからには観客がその映画を信仰していなくてはだめだ。監督が〝誰それを殺してこい〟と命じたら、客が嬉々としてそれに従うぐらいにね」

世に「カルト」と呼ばれる映画は数多いが、『ロッキー・ホラー・ショー（以下『ロッキー〜』）』ほど「教典」としての地位を獲得した映画はない。『ロッキー〜』の観客はまるで「教会に通うように」毎週の上映に通い、クリエイターのリチャード・オブライエンを本気で神と崇めている。実際に『ロッキー〜』に身も心も捧げて人生を棒にふった……いや、「夢を生きる」ようになった人間は何人も目にしてきた。彼らが何百回と上映に足を運ぶのは、『ロッキー〜』がただの映画ではなく、「観客参加」と一体となったまったく新しい祝祭体験だからだ。野次、ツッコミ、パフォーマンスのない状態で『ロッキー〜』を観ても仕方がない。めくるめく混乱に飛び込み、猥雑な「観客参加」

に身を委ねることで、初めてヴァージン（『ロッキー～』を映画館で観たことのない人）は禁断の果実を手に入れることができる。

暗闇に浮かび上がる巨大な唇が、けだるげな調子で『SF怪奇映画二本立て』を歌うところから映画『ロッキー・ホラー・ショー』は始まる。歌詞にちりばめられたSF・ホラー映画へのオマージュの数々は、我々を一気に少年時代へと引き戻す（そのあと強制的に大人の世界へブチ込まれることになるわけだが）。そして、映画と同様、『ロッキー～』の歴史もこの一曲から始まった。

一九六〇年代イギリス。二十代のリチャード・オブライエンは売れない役者だった。役者では食えないので、昼はバイト、夜は深夜TVでSF・ホラー映画鑑賞という毎日。

そんなある日、舞台『ジーザス・クライスト・スーパースター』のヘロデ役をクビになったオブライエンは、「『ジーザス』なんてヘナチョコだ！　こんなのロックじゃねえ！」と一念発起。三コードで「ロックらしい」曲を作り、これを件の『ジーザス』の演出家、ジム・シャーマンのところへと持ち込んだ。これにピンときたシャーマンが、演劇プロデューサーのマイケル・ホワイトにデモテープを聴かせたところ、ホワイトもピンときた。「この『SF怪奇映画二本立て』って曲はいい！　イケる！」。オブライエンもシャーマンもホワイトも、みんなSFやホラーが大好きだった。類は友を呼ぶのである。とんとん拍子に話は進み、『ロッキー〜』はめでたく舞台のミュージカルとして製作されることになった。主演のティム・カリーは、偶然道でオブライエンにバッタリ出会ってキャスティングされた。以前に舞台『ヘアー』で共演したよしみだったが、この時はまさかこの、服装倒錯のマッド・サイエンティストが一世一代のハマリ役になるとは想像しなかっただろう。舞台・映画双方でコロンビアを演じて強烈な印象を残すリトル・ネルは、レストランでタップ芸を見せているところをジム・シャーマンに拾われてキャスティングされた。残りのキャストも順調に決まり（全員がそこらでスカウトされたわけではないが）、一九七三年六月十九日、『ロッキー〜』はいよいよ初演の日を迎えた。劇場はシアター・アップステアズ。わずか六三席の小さな劇場である。公演初日、観客に配られたみすぼらしいパンフには「我々スタッフが特に感謝したいのはハマー・プロです。ハマーの怪奇映画抜きにこの作品は誕生しなかったでしょう」と書かれていた。リチャード・オブライエンらしい謝辞だが、これを見て大いに喜んだ観客が一人いたことは特筆すべきだろう。なんと、ハマー・プロの怪奇スター、故ヴィンセント・プライスその人が見に来ていたのである。

かくして始まった『ロッキー～』オリジナル・プロダクションは、新聞でも好意的にとりあげられ、口コミの評判も上々でダフ屋も出るほどの盛況ぶりだった。劇場も二七〇席のチェルシー・シネマ、さらに四〇〇席のクラシック・シネマ、と順調にグレードアップ。それと同時に熱狂的なファンも増え始めた。海外にも噂は広まり、フランス、イタリア、アメリカなどからも客がやってきた。パリからは『ロッキー～』を見るためのツアーまで組まれた。ロンドン・イブニング・スタンダード紙は一九七三年のベスト・ミュージカルに『ロッキー～』を選んだ。舞台の『ロッキー～』は大成功だった。オリジナル・プロダクションは一九八〇年まで続いた。総公演数は二九六〇回。

女優ブリット・エクランド（『007／黄金銃を持つ男』、『ウィッカーマン』など）はオリジナル・プロダクションの『ロッキー～』に足繁く通っていた。当時彼女

の愛人だったのが、大物アメリカ人プロデューサーのルー・アドラー。ロンドンに遊びに来た彼は、エクランドによって半ば強引に『ロッキー～』観劇へと連れていかれた。アドラーは『ロッキー～』に魅了され（また類が友を呼んだのだ）、二日後にはアメリカ公演の権利を買っていた。こうして『ロッキー～』のアメリカ公演は、アドラーの所有するナイトクラブ「ROXY」で行われることになった。一九七四年三月二十四日、オリジナル・キャストからティム・カリーとリチャード・オブライエンを迎えてロサンゼルス公演が開始した。映画版でエディを演じたミートローフがエディ／スコット博士役でキャスティングされたこの公演は九ヶ月間続き、連日満員だった。なお、アメリカ版キャストのオーディションで落とされた俳優の中に、リチャード・ギア、ジョン・トラボルタ（エディ役で応募したと思われる）、クリス・サランドン（！）などがいたことはあまり知られていない。

ルー・アドラーが『ロッキー～』アメリカ公演に招待した友人の中に、弁護士でのちに二〇世紀フォックス社長となったゴードン・スタルバーグがいた。リピーターが熱狂する様子にスタルバーグは感銘を受け（実はその日はリピーターばかりになるようアドラーが仕組んでいた）、これがきっかけとなって『ロッキー～』の映画化がスタートする。主な撮影場所はイギリスのブレイ・スタジオ。奇しくも『フランケンシュタインの怒り』、『凶人ドラキュラ』などを始めとする一連のハマー・ホラーが撮影された由緒あ

るスタジオである。フランクの城の外観として選ばれたのはオークレー・コート。第二次世界大戦中にド・ゴールの隠れ家として使われた城で、現在はホテルになっている（映画で見えるのは実は裏手）。舞台版の人気キャストをほぼ生かしたキャスティング、グレードアップした音楽、そして映画ならではの大がかりな仕掛け。舞台版の成功もあり、映画『ロッキー～』の成功は確実に思えたが、その先には思わぬ罠が待ち受けていた……というか、公開された映画版はコケた。どの劇場にも十人から二十人の観客しかいなかった。しかし、その十人あるいは二十人は、毎週のように映画館にやってきた。まるでミサに通う信徒のように。そこから、新たな「カルト映画」の歴史が始まった。

ところで『ロッキー～』冒頭の唇は、マジェンタ役パトリシア・クイン（『モンティ・パイソン／人生狂騒曲』でのジョン・クリーズの奥さん役も有名）のものである。歌っているのはリチャード・オブライエン本人。当初は歌い込まれているSF・ホラー映画の数々をそのまま引用しようとしたが、権利関係で挫折。苦肉の策で唇のアップという案が出された。それが今では『ロッキー～』のシンボルとなったのだから、運命のいたずらとしか言いようがない。

初演、映画化、そして観客参加へと、『ロッキー～』のたどった道は多くの偶然に左右されてきた。しかし、ただの偶然で一本の映画が二十五年間も熱狂的に支持されるなどということはありえない。まだ成功とはほど遠い、若き日のリチャード・オブライエンが込めた強烈なメッセージがあったからこそ、『ロッキー～』はここまで続いてきた。「Don't Dream it, Be it」。夢見てないで、夢になろう。このスピリットがある限り、『ロッキー～』は二十一世紀も愛され続けるに違いない。

An RKO
Radio Picture

HORROR

劇場での注意事項

- 火気厳禁。ペンライトの代わりにライターを使うのはやめよう!
- 水鉄砲、パーティスプレーなどの使用は劇場の指示に従うこと。
- スクリーンに向かって物を投げない。スクリーンは大変高価なので要注意。
- 劇場がうるさいのは当たり前。ツッコミが気に入らないなら自分で面白いものを考えよう。それがウケれば今に定番になる。
- また、ツッコミが下品なのも全世界共通なのであきらめる。そもそも『ロッキー・ホラー・ショー』は上品な映画ではない。
- キャストは自前で衣装を作り、練習をして劇場に来ている。「似てない」、「ヘタクソ」といった心ないことを言うのはやめよう。自分でやってみれば大変さがわかるはず。
- 人まかせにしない。ツッコミにしろ、パフォーマンスにしろ、自分で叫んだり、やったりしてみてこその『ロッキー・ホラー・ショー』である。
- 飲み過ぎて吐いたりしない。

ROCKY 初心者のための『ロッキー・ホラー・ショー』

『ロッキー・ホラー・ショー』の楽しみ方にマニュアルはない。とはいえ、長年の間に定番となったツッコミや小道具もたくさんある。たとえば小道具の場合、ざっと挙げてみるだけでも、お米・クラッカー・紙吹雪・ノイズメーカー（ガラガラと音の出るオモチャ）・水鉄砲・ペンライト・新聞紙・トイレットペーパー・トランプ・ベル・パーティーハット……などは定番中の定番。ツッコミに関してはアルバム『SAY IT!』か、十五周年で発売されたＬＤのアナログトラックに収録されているものを、底本とする場合が多いが（現在はＤＶＤに新たな西海岸版のツッコミが収録されている）、あくまでも目安である。全世界で、毎週のように新たなツッコミや小道具が生まれては消え、そして特に受けた一部のものが残っていく。そんなの全部解説できっこないので、ここではごくごくベーシックな観客参加の方法の、これまたごくごく一部（一％ぐらい）を紹介することにする。

●ロッキー蘇生シーンでもノイズメーカーは役に立つぞ。効果音に合わせて使おう。

●フランクとロッキーの結婚式では、スクリーンが見えなくなるくらい紙吹雪をまきちらせ！

●スコット博士はスコッティのトイレットペーパーを投げて迎えよう。タイミングに注意！

●ラスト、城が飛び立つところはジェット風船がおすすめ。離陸と同時に一斉に飛ばしてね。

忘れてはならないのは『ロッキー・ホラー・ショー』はあくまでも劇場で楽しむものだ、ということだ。どんなに知識を詰め込んだところで、ビデオで観ているだけでは決して『ロッキー・ホラー・ショー』を体験したことにはならない。何はともあれ、映画館へ通うことから始めよう！

ROCKY

映画開始後

●『ロッキー・ホラー・ショー』で最もコケにされるのは主人公のバカップル二人。ブラッドには「アスホール！（アホンダラ）」、ジャネットには「スラット！（売女）」と、登場するたびに温かい声援を送ろう。

●映画のオープニングはラルフとベティの結婚式。続編（『ショック・トリートメント』）ですぐに離婚すると知りつつ、お米を投げて祝福してあげよう。

●『♪ There's a light』のシーンでは、ジャネット同様新聞紙をかぶってペンライトを振る。

●さあ『タイムワープ』！ 一斉に立ち上がって踊り狂え！ 初めての人でも、犯罪学者のオッサンが教えてくれるので安心だ。

●フランク登場シーン。クラッカー、紙吹雪を総動員して黄色い歓声で迎えよう。

●フランクの演説にはノイズメーカーをガラガラいわせて応じること。

No.31 追悼マイケル・ジャクソン

名実ともに〝怪物アルバム〟であるマイケル・ジャクソン『スリラー』については、今さら説明する必要もないだろう。何しろ世界で一番売れたアルバムなのだ。『スリラー』のプロモーション・ビデオ（ＰＶ）も全世界を席巻した。今でこそ大作ＰＶは珍しくないが、八〇年代初頭にあって、『スリラー』は五〇万ドルという破格の予算をつぎ込んだ超大作だった。長尺のメイキングも収録されたビデオは飛ぶように売れ、最終的に九〇〇万本を売り上げたと言われる。これほど売れたミュージック・ビデオは他に存在しない。世界中の老若男女が『スリラー』に熱狂し、ビデオは今なおオンエアされ続けている。

そんな絶大な人気を誇るビデオが気合いの入ったホラー作品だったことは重要である。その後のホラー映画の興隆、八〇年代の特殊メイクアップ・ブームを考える上でも『スリラー』の与えた影響は軽視できない。

監督にジョン・ランディス、特殊メイクにリック・ベイカーと、『狼男アメリカン』の最強タッグを迎えた『スリラー』は、上質の短編ホラー映画でもある。ジョン・ランディスは全編にトリビアルなホラー映画オマージュをぶち込んだ。冒頭の息づくタイトル・ロゴは『サスペリア』予告のタイトル文字だし、狼男の場面は（リック・ベイカーによれば「ネコ男」だそうだが）若きマイケル・ランドン主演の『心霊移植人間』。だからスタジャンを着ていたというわけ。墓場からゾンビが蘇るのは『吸血ゾンビ』。一軒家に追い詰められる場面は『ナイト・オブ・ザ・リビングデッド』。ナレーションを担当したのがヴィンセント・プライスだったため、劇中に登場する映画館の入口には『肉の蠟人形』のポスターが飾ってある。ほかに貼ってあるのはランディスのデビュー作『シュロック』のポスターだが、これは『ケンタッキー・フライド・ムービー』への目配せ。『スリラー』の映画館のシーンは、『ケンタッキー～』の映画館の場面と同じロケーションだからだ（『ケンタッキ

ー〜』のときも『シュロック』のポスターを飾っていた)。ランディスの刻印「See You Next Wednesday」は音声でばっちり聞こえる。映画館の客席でマイケルの後ろに座っているのはご存じ『フェイマス・モンスターズ』編集長フォレスト・J・アッカーマン。

ビデオにはリック・ベイカーとそのスタッフもゾンビの役で登場する。墓場から現れ、マイケルたちに迫る「踊らない」ゾンビの一団がそうだ。トニー・ガードナー、ケヴィン・ブレナン、グレッグ・キャノン、デヴィッド・ミラー……。現在も特殊メイクの第一線で活躍する、そうそうたる顔ぶれだ。納骨堂の扉を開けて出てくる白目のゾンビがリック・ベイカー御大。「踊らない」ゾンビの中にエド・ウッド映画でおなじみのトー・ジョンソンそっくりのゾンビがいるのにも注目したい。のちにリック・ベイカーはティム・バートン監督作『エド・ウッド』の特殊メイクを手がけることになる。

意外なことにマイケルは当初、『スリラー』をゾンビものにするつもりではなかった。『狼男アメリカン』に感銘を受けたマイケルは、変身場面のあるモンスター映画をやりたがっていた。そこでリック・ベイカーは地獄から蘇った悪魔やゴブリンを提案したが、これは却下された。マイケルが「悪魔的なもの」に強い拒否反応を示したからである。それなら、とベイカーが出したアイディアが「踊るゾンビ」だった。「悪魔バージョン」の『スリラー』を観てみたかった気もするが……。

『スリラー』は爆発的なヒットとなった。それまでゾンビ映画など観たこともなかった人々が、「踊るゾンビ」に熱狂した。『狼男アメリカン』を知らない人たちがマイケルの変身場面に驚愕した。セル版のビデオに収録されたメイキングには、特殊メイクの詳細な舞台裏も記録されていた。

『スリラー』は、ホラー映画が成しえなかった形でゾンビの存在をメジャーにし、めくるめく特殊メイクの世界を見せてくれた。ホラー映画にまったく興味を示さない多くの人々に、「怖くて楽しいホラーの世界」を知らしめた意義は限りなく大きい。

二〇〇九年六月二五日。マイケル・ジャクソンが死んだ。テレビは連日『スリラー』のビデオクリップを流し続けた。それを観て初めてゾンビに興味を持った子供たちが、やがて新たなゾンビ映画を撮る日が来るに違いない。

No. 32 意志の勝利　コロンバイン事件

一九九九年、生活は完全に夜型だった。夜十一時から翌朝八時までが「インターネットの時間」だったからだ。いわゆるテレホーダイというやつである。今と違ってインターネットに繋ぎっぱなしにしていたら従量課金で破産してしまうので、テレホーダイが利用できる夜中にパソコンにかじりついていたのだ。回線はのろく、ちょっと重いページを開こうとするとブラウザがクラッシュするのは日常茶飯事。それでも当時のネットサーフィン（死語）は最高にエキサイティングな体験だった。必ず背景が真っ黒で、でかいフォントで罵詈雑言が書き散らしてある海外のアングラ・ウェブサイト。けしからん画像はおまかせのalt.binaries。

史上最悪のハイスクール・シューティングこと、コロンバイン高校銃撃事件の一報を知ったのもインターネット経由だった。

一九九九年四月二十日。「コロラド州の高校で大規模な銃乱射事件が発生した」というニュースがまたたく間に世界中を駆けめぐった。情報は錯綜していた。犠牲者の数はまちまちだったし、犯人の情報も断片的だった。犯人がＡＯＬのアカウントとホームページを持っていたことが分かると、それを模した偽物のページが乱立した。やがて、中に本物のサイトが混じっていたことが判明するのだが……。

「トレンチコート・マフィア」と名乗る、高校内のはぐれ者集団、もっと言えば「いじめられっ子」が、横暴な体育会系にキレて逆襲した。そういう印象があっという間に形成された。戦場と化した学校から命からがら逃げ出してきた生徒たちは犯人たちへの憎悪をむき出しにし、メディアはその「証言」を垂れ流した。ターゲットにされたと感じた体育会系は、口を極めて犯人を罵倒した。「あいつらは元からビョーキだったんだ」。

真実はまるで逆だ。コロンバイン高校を血の海に変えたエリックとディランは、きわめてまともだった。むしろ、まともにすぎたし純粋すぎた。

コロンバイン高校事件の大きな特徴は資料の豊富さにある。エリックもディランも学校にはきちんと通っていたので、試験はもちろん、作文やレポートも残されている。個人的な日記やメモの類も大量に見つかった。とくにエリックは文章で自分を表現することが得意だったので、事件を理解する上で彼の手稿は重要である。これらの資料をまとめた「コロンバイン・レポート」が公表されたのは二〇〇六年。「レポート」は九四六ページにのぼる膨大な文書で、ＰＤＦでダウンロードもできる。そこから浮かび上がってきたのは、「ビョーキ」などとはほど遠い繊細さや潔癖さ、それに抑えがたい暴力衝動だった。エリックは世界との断絶に苦しみ、欺瞞を憎んだ。事件について調べれば調べるほど、首謀者エリック・ハリスには共感を覚えざるを得ない。現在でさえエリックと自分の間に共通点を見いだすことはたやすく、高校時代だったらなおさらだろうと思う。

そもそも「体育会系（ジョックス）のいじめ云々」という説明でコロンバイン高校事件を分かった気になるのは間違っている。なぜなら、エリックの自尊心はその程度のことで傷つくほど低くなかったからだ。

本稿では主にエリックについて書くが、それは事件そのものがエリック主導だったからだ。共犯のディラン・クレボールドはもともと「気の毒なほどシャイ」で、エリックの強力な影響にさらされなかったら、また違った人生を歩んでいたかもしれない。それに中学になってから転校してきたエリックと違い、ディランは地元リトルトン育ち。近所には幼なじみの友だちも沢山いた。その中の一人がのちにエリックをディランに引き合わせることになる。

事件当日も、エリックがトータルで一二一発の弾丸を発射しているのに対し、ディランは六七発しか撃っていない。ディランの死体は左のこめかみに銃痕があったため、エリックに射殺されたという説がまことしやかにささやかれたほどである。これは直後に

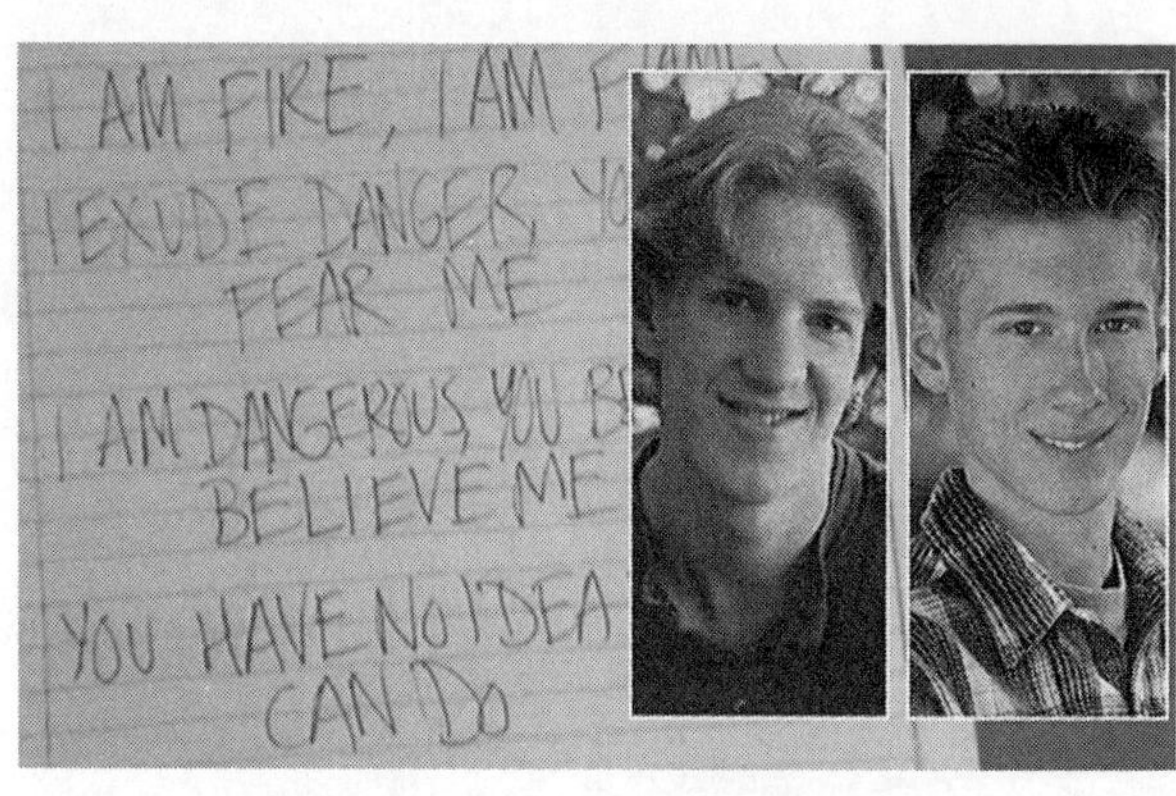

警察によって否定された。ディランは左利きだった。

エリック・ハリスは一九八一年四月九日生まれ。空軍の輸送パイロットだった父の仕事の都合で、ニューヨーク、オハイオ、ミシガンなどを転々として育つ。コロラド州リトルトンにやってきたのは一九九三年のこと。転校先の中学校でエリックはディランに出会う。フットボールの盛んなリトルトンで、エリックたちは「トレンチコート・マフィア」というグループに加わることになった。といっても、たいしたグループではない。体育会系が権勢を誇る学内で、疎外された子供たちが集まっただけの、いわば一種の自助グループである。彼らは黒ずくめの格好をして長いコートをたなびかせ、暗い目つきで肩を寄せ合っていた。この世の春を謳歌する体育会系の筋肉バカと、それに追従する連中とオレたちは違うんだ！　という控えめな自己主張だった。

「トレンチコート・マフィア」は、もともと体育会系(ジョックス)がつけた蔑称と言われる。ただ、エリックはその呼称を気に入っていた。のちに元からの「トレンチコート・マフィア」メンバーと距離をおくようになっても、エリックは自らを「トレンチコート・マフィア」と名乗り続けた。彼のアイデンティティを象徴する言葉は「トレンチコート・マフィア」と「ＮＢＫ」つまり〝生まれついての殺人者(ナチュラル・ボーン・キラー)〟で、この二語は日記にもたびたび登場する。

中学、高校と年を重ねるにつれて、体育会系がどんどん横暴になるさまは筆者もよく知っている。地区大会にでも出るようになると、名前がメディアに載ることもあってか、自分がひとかどの人物になったかのように錯覚するのだろう。軽薄な内面を立派な肉体で覆い隠し、肩をいからせ、潜在的な暴力をちらつかせて凄味をきかせるようになる。まるでチンピラだ。同じ年齢である、という一点しか共通点がなく「まだ何者でもない」中学・高校時代にあって、ひとめで分かる体格上の差異は過大評価される。そして大人もこうした体育会系をほめそやす。コロンバイン高校はフットボールで知られるが、日本でいえば甲子園の常連校のようなものだと考えることができる。スポーツなど興味のない者にとって、状況は最悪だ。コロンバイン高校でスポーツマン、いわゆる〝ジョックス〟がいかに我が物顔にふるまっていたかについては多数の証言がある。

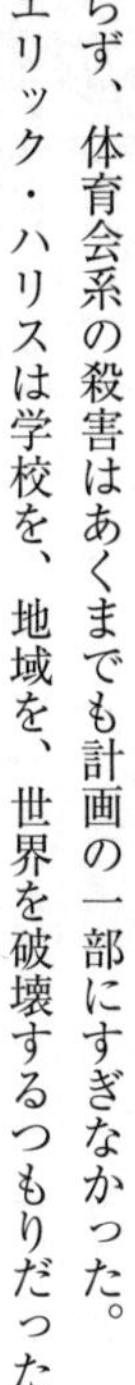

大殺戮の真っ最中、エリックは「ジョックス野郎は皆殺しだ！」と叫んだ。にもかかわらず、体育会系の殺害はあくまでも計画の一部にすぎなかった。エリック・ハリスは学校を、地域を、世界を破壊するつもりだった。

スクール・シューティングの代表格とされるコロンバイン高校事件は、いくつかの点でその他の「スクール・シューティング」と決定的に異なる。そもそも、エリックの計画は「校内で銃を乱射して、手当たり次第に殺す」というものではなかった。コロンバイン高校の大虐殺は、いっときの激情にかられた発作的なものではない。もし計画が予定通りに進んでいたら、コロンバイン高校事件は「スクール・シューティング」と呼ばれたかどうかも分からない。大量殺戮の道具としてエリックが用意していたのは爆弾だったからだ。

エリックとディランが爆弾製造にとりかかったのは、事件の一年も前だった、ネットで調べた製造法をもとに、材料は地元の工具店で調達した。アルバイト先のピザ屋の駐車場や裏山で爆破実験が繰り返された。一度は爆音で消防車が出動する騒ぎにもなった。プロパンガス爆弾、パイプ爆弾、炭酸ガス爆弾が次々と完成した。事件当日、エリックとディランが学内に持ち込んだ爆弾の数は八〇個近く。殺傷能力を高めるため、内部には釘やボルトが大量に詰め込まれていた。メインのターゲットはカフェテリア。タイマーは生徒が集中する十一時過ぎにセットされた。数カ所に仕掛けられたプロパン爆弾が作動しなかったのは運命のいたずらとしか言いようがない。爆発していれば、犠牲者のボディカウントが一桁違っていたはずだ。予定時間にカフェテリアにいた生徒は四八八人。計画では、爆発の大混乱に乗じてエリックとディランが校内に進入、逃げまどう生き残りを射殺することになっていた。

爆弾は学校の駐車場に停めてあった自動車内にも残されていた。「学校を脱出したら、こんどは近所の家々に爆弾を放り込む」つもりだったからだ。これを「体育会系を狙ったいじめられっ子の復讐」などと矮小化することはできない。

「最終的には飛行機を乗っ取ってニューヨークに突っ込んでやる」と書いたとき、エリックがどこまで自分の言葉を信じていたかは分からない。ただ、少なくとも学校内で銃を乱射するのが最終目標でなかったことは確かである。

銃撃よりむしろ爆弾テロを重視していたことは、犯行予定日時からもうかがえる。事件が発生した四月二十日はアドルフ・ヒトラーの誕生日ということで注目を集めたが、本来予定されていた決行日は四月十九日だった。一日ずらした理由はいまだに分からない。ただ、四月十九日は「史上最悪の爆弾テロ」と言われるオクラホマシティ連邦政府ビル爆破事件の日付であり（一九九五年）、エリックはそれを意識していたようだ。参考までに、四月十九日はデヴィッド・コレシュ率いるブランチ・ダヴィディアン教団がFBIと大銃撃戦を繰り広げた日付でもある（一九九三年）。

さきに「エリックには共感を覚える」と書いた。爆弾を使って大量殺戮をもくろむ高校生に共感するなんて、と思う向きもあるだろう。エリック・ハリスもディラン・クレボールドも、決して野蛮な子供ではなかった。たしかにエリックのノートには勇ましい文言が並んでいる。「全員ブッ殺してやりたい！」、「皆殺しにしてやるのが待ち遠しい！」といった文句は、良識派の眉をひそめさせるのに十分な破壊力だ。しかし、読み込んでいけば、彼が粗暴さ、また人々の無神経をいかに憎んでいたかが見えてくる。「オレの嫌いなものを知っているか？」と題された長大なリストはエリックの精神構造を読み解く格好のテキストだ。たとえばエリックはこう書く。

「オレの嫌いなものを知っているか？　ウソツキだ！　くそっ、オレはウソツキが大ッ嫌いだ！　うちの近所には腐るほどいる！　なんでみんなあれほどウソツキなんだ？それもくだらない自慢のためのウソだ！　〝何々を信じられないほど安く手に入れた〟だの〝自分のＩＱは二一五ある〟だの……そんなウソに何の感銘も受けないし、誰も信じやしない！　愚にもつかないウソでオレの時間を無駄にするんじゃねえ！」

「流行も大嫌いだ！　やれトミー・ヒルフィガーだモッシーモだスカだ、グロス入りのリップクリームだ……本ッッッッッ当に……イラつくぜ！　ギャー！」

「列に割り込む失礼な連中も大嫌いだ！　なぜ他の人のように待てないんだ？　あいつらは自己中で怠惰で忍耐心のない無礼者で、クソッ、ほかに形容詞が出てこない！　何しろ二人しかいない列に割り込む奴までいるんだからな！」

「スペルがまともに綴れないバカ」や「会話中に同じ単語を繰り返す、語彙の足りないバカ」も「大嫌い」の対象だ。ウソや知ったかぶりと、それを用いて「自分を大きく見せようとする」人間は徹底的に罵倒されている。目先のことしか考えられない浅薄さはエリックが最も憎むものだ。

リストでは、人種差別への不快感もはっきり表明されている。「肌の色が違うだけで、黒人やアジア人、メキシコ人や外国人を嫌う連中は通りに引きずり出して殺してしまえ」とまで言っている。「逆に、〝お前ら白んぼには分からないだろうが〟と言うような黒人は、自分が人種差別していることを知るべきだ！　黒人だって人種差別主義者であり得る！」という部分のバランス感覚にも注目すべきだろう。ナチズムへの傾倒から、しばしば「人種差別主義者」呼ばわりされるエリックたちだが、その中傷はまったく的外れだ。被害者の中に黒人は一人しかいなかったし、そもそも人種でターゲットを選別するつもりは二人にはなかった。

エリック・ハリスがナチスに多大な興味を示していたことは事実である。第三帝国について書かれた作文はかなり詳細なもので、一般のアメリカ人高校生レベルをはるかに超える知識が見てとれる。作文では冷静にナチズムを分析しており、いわゆるネオナチ的・歴史修正主義者的な観点は見られない。しばしば誤解されることだが、ナチスに興味を持っていることと、その人物がナチ的であるかどうかはまったく別の問題だ。エリックはユダヤ人虐殺を肯定したり、ホロコーストを否定したりしていたわけではない。

エリックが夢中になったのはナチスのエリート主義的なたわごとだった。

これは分からないでもない。と書くとまた文句を言われそうだが、周囲の「愚かさ」に敏感な高校生だったエリックにとって、美辞麗句で固めたナチスのエリート思想は魅力的に映ったのだろう。とくにお気に入りだったのは、ヒムラーの演説だ。ナチスは卑劣な思想を理想主義的な文言で覆い隠し、さも自分たちが偉大であるかのように装った。それに全ドイツが熱狂し、若者たちがこぞってナチスの信奉者になったことを思えば、エリックがナチスの「優生思想」に惹きつけられたのも無理からぬことかもしれない。

見落としてはならないのはエリックがナチスの「浄化政策」についてもよく知っていたことで、ユダヤ人をはじめ、障害者、ジプシー、同性愛者、犯罪者などをナチスが片っ端から殺戮した事実もしっかり把握していた。そこまで分かっていながら、なぜエリックは「適者生存」をモットーに、コロンバイン事件へと突き進んだのだろうか。

エリックは怠惰な他者を厳しく断罪したが、自分にも厳しく、「強い意志」はなにものにも勝る価値だと信じていた。この「強い意志」というのはくせ者で、悪意も殺意も「意志」には違いないから、単に「強い意志」そのものを称揚することはできない。ナチスのレトリックは、「強い意志」の「強さ」そのものに価値があるかのように錯覚させることを主眼としていた。同情心や共感する心、博愛や親切といった人間らしい感覚は「弱さ」として切り捨てることが美徳とされたのである。これは巧妙な罠だ。

多感な青年なら、誰でも偽善を憎む。潔癖さは若者の美点でもあり、弱点でもある。そういう青年の目にこの世は悪臭ふんぷんたる下水処理場に映る。これほどの偽善と嘘がまかり通る世界に、存在価値などあるのだろうか？　生きるに値しない人間が多すぎる！　どいつもこいつも糞虫以下だ！　愚劣な連中に、同情の余地など一切ない！

エリックが一番好んだバンドはドイツ出身のインダストリアル・ロックの雄ことＫＭＦＤＭである。これは「KEIN MITLEID FÜR DIE MEHRHEIT」の略だとされる。「大衆に同情の余地なし」という意味だ。

先の「オレの嫌いなもの」リストは、「オレが好きなものを知っているか？」という問いかけと対になっている。驚くべきことにエリックは「オレの好きなもの、それは学校だ！」と書いている。体育会系によるいじめと息詰まるような抑圧があってなお、エリックは学校を憎んではいなかった。成績は優秀だったし、授業をサボるようなこともなかった。知識を吸収することに喜びを覚えていたのである。また、自尊心を保障する場としても学校は機能していた。エリックの作文には文法上の間違いやスペルミスが極端に少ない。この世の春を謳歌する筋肉バカに、はっきり自分の優位を見せつけることもできていたはずだ。

だったらなぜ事件は起きたのだろうか？

エリック・ハリスは「意志の力」で世界が変えられることを証明しようとしたのだ。

大人の視点でコロンバイン事件を揶揄するのは簡単だ。「卒業まであとちょっと待てば、新しい世界が開けたのに」、「何も関係のない、罪のない他人を沢山殺すなんて、まったく意味がない」云々。では、もうちょっと待って、卒業したら何が変わるというのか？何も変わらない。それなりに楽しいこともあるだろう。セックスもできるかもしれない。そして若かった自分が何もしなかったことを正当化し、社会にあふれる偽善の波に飲み込まれ、自分が最も嫌っていたはずの人種になり下がるだろう。そうなる前になんとか手を打たなくてはならない。ビール腹を抱え、弛緩した顔つきでフットボールを観戦するような豚になってたまるか！

怒りを持続させるには体力がいる。学校や会社で「あいつだけは絶対に殺してやりたい！」と殺意を抱くのは誰にでもあることだ（それを否定するような奴はとんでもない嘘つきの偽善者なので死んだ方がいい）。「殺したい奴のリスト」を作る子供もいる。筆者も小学校時代にそういうリストを作ったことがある。殺害方法だって考えた。けれど、多くの場合その決意は長続きしない。数日すれば殺意は薄れ、なんとか折り合いをつけるようになってしまう。エリック・ハリスには強固な意志があったが、一年以上に渡って殺意を醸成できたのはディラン・クレボールドという盟友がいたからだ。ディランの存在は、完全なる触媒として作用した。おとなしく、それまで自己表現の手段を持たなかったディランは、エリックから何もかも吸収した。音楽、ナチズム、銃器、殺意。二人の間で破壊への意志は純粋培養され、増幅されていった。互いへの敬意と友情が、大殺戮への扉を開いた。

コロンバイン事件を「誰が撃たれて、誰が撃たれなかったか」から読み解こうとするのは間違っている。考えてみればすぐ分かることだ。四〇〇人を超す生徒を一気に爆弾で吹き飛ばそうと考えたエリックたちに、ターゲットを選定する意図があるわけがない。

四月二十日午前十一時十九分。エリックとディランはバッグからショットガンを取り出した。ガラス張りのカフェテリア前の階段に銃声が轟いた。最初の銃撃で、芝生でランチをとっていたレイチェル・スコットが死亡、隣にいたリチャード・カスタルドが負傷した。レイチェル・スコットはディラン・クレボールドと幼稚園時代からの幼なじみだった。学芸会で共演したこともある。高校生になってからも交流はあり、もちろん恨みなどない。

エリックとディランは、恐ろしいまでの「強い意志」で、自らの「弱さ」を封じ込めた。ナチズム由来の「強さ」が咆哮した。無防備な少女は「自然淘汰」されてしまった。ナチスによる言葉のすり替えがいかに醜く、唾棄すべきものであるかはっきりと分かるだろう。

「超人」と化したエリックとディランは、「意志の力」で人間性をかなぐり捨てた。コロンバイン高校事件が、本質的に他のスクール・シューティングと一線を画すのはこの点においてである。コロンバインの大虐殺は、言葉の最悪の意味において「意志の勝利」だったのである。

No. 33 『ハロウィン』ワークプリント版

「実際のところ、俺は二本の『ハロウィン』を撮ったといえる」

『ハロウィン』DVD特典について、ロブ・ゾンビはそう答えた。

「カットした場面は山ほどある。(元ジョン・カーペンター夫人の) アドリエンヌ・バーボーの出演シーンも全部なくなったし」


なんと、あれだけの豪華脇役陣に飽き足らず、『ニューヨーク1997』『ザ・フォッグ』『クリープショー』などでおなじみのアドリエンヌ・バーボーまで出演させていたというのである。アドリエンヌ・バーボーの出演場面はいまだに日の目を見ていないが、ロブ・ゾンビの言う「二本の『ハロウィン』」のうち、劇場公開されなかったバージョンが「ワークプリント版」である。関係者が流出させたとおぼしきDVD画質のワークプリント版はアッと言う間に世界中でダウンロードされ、ファンの間に大論争を巻き起こした。

ワークプリント版の尺は劇場公開版とほぼ同じだが、内容は大きく異なる。最大の違いはクライマックスの展開で、これについてはネタバレになるので詳細は控えるがハードコアで無情に徹した劇場版に対して、ワークプリント版はより悲劇性が強調されている。エンディング以外も、たとえばワークプリント版では死体しか映らない人物が惨殺されるさまが描かれるなど、全体的に劇場版の方がバイオレンス描写が過激になっているようだ。

もう一つ大きな違いは、マイケルが精神病院から脱出する経緯だ。劇場版のマイケルは、身柄が移送される途中で警備員たちをぶち殺して脱走する。『デビルズ・リジェクト』の殺人一家（ビル・モーズリィ、レスリー・イースターブルック）は劇場版のこの場面にしか登場しない。

ワークプリント版では、酒に酔った警備員たちが精神病患者の女性をマイケルの部屋に連れ込んで輪姦、マイケルを愚弄する。最初は無反応だったマイケルだが、警備員の一人が自作のお面（マイケル唯一の趣味がお面作りで、十五年間に

渡って製作したお面が病室の壁一面に飾られている。）に手を出したのをきっかけに悪鬼ブギーマンと化して脱走する。凄絶にして凶悪そのものの場面だが、さすがにこんな場面をMPAAが通すとも思えない。ほかにも細かい違いが山のようにあり、音楽も随所で差し替えられているため、ワークプリント版と劇場公開版では映画全体の印象がかなり違ったものになっている。好みの問題もあろうが、個人的にはワークプリント版に漂う痛烈極まりない「やるせなさ」を評価したい。

ロブ・ゾンビは今回の『ハロウィン』でも随所にロブ・ゾンビ印を刻印している。キャスティングにいわゆる「ロブ・ゾンビ組」が勢ぞろいしていることは言わずもがな、シェリ・ムーン・ゾンビのストリップ・ステージ場面は『マーダー・ライド・ショー』を彷彿とさせるものだ。ただし、今回は単なるお色気場面ではなく、おそろしく惨めな、やりきれない情景とカットバックして描かれるため、ニヤニヤ観ていた観客はみぞおちに強烈な一撃を食らったような気分になる。

シェリ・ムーン・ゾンビはマイケルの母親役ということもあって、ほとんどの出演場面がヘヴィそのものだ。教育も財産も後ろ盾もない、貧乏トラッシュ家庭のやさぐれママ——だが息子マイケルを溺愛している——を見事に演じきった。もともとロブ・ゾンビのバンドのバックダンサーだったシェリはいまや、押しも押されもせぬ本格女優としての幅を広げつつある。

ロブ・ゾンビ印ということで言えば、驚かされたのはマイケルとルーミス医師との関わりが『ヘルター・スケルター』だったことである。『ヘルター・スケルター』はチャールズ・マンソン事件を担当した検事ヴィンセント・ブリオシが事件の全容を描いてベストセラーとなった本で、のちにTV映画化された。本作のルーミス医師はブリオシと同様、十数年に渡るマイケルの分析を「The Devil's Eyes（悪魔の眼）」という本に著し、メディアの寵児となっている。数年に一度しか行われない保釈審査で、にべもなく「不許可！」と書類にハンコを押されてしまう場面も出てくるが、これはチャールズ・マンソンの保釈申請がことごとく不許可になってきた経緯を踏まえたものだ。

マイケルの成長過程が描かれているため「すべてが明らかになったら、『ハロウィン』の謎めいた良さがなくなってしまうのでは？」と心配する向きもあるかと思う。ご安心いただきたい。本作では「それらしい」経緯は描かれるものの、「一体、マイケル・マイヤーズはどういう人間なのか？」ということは一切分からない。ロブ・ゾンビはこう語る。

「映画を作るにあたって、殺人を犯す少年についてはかなりリサーチした。彼らにはいくつか特徴があって、たとえば実際の殺人に走る前に動物を虐待したりするんだが、それで何かが分かるというわけじゃない。彼らは明らかに最初から狂っていて、理解を超えた部分がある。本当に狂っていて、何とも思わずに人を殺す人間は実在する。『ハロウィン』のマイケルは分かりやすい理由があったから殺人をするわけじゃない。やつは単に、本当に、狂っているだけなんだ」。

No. 34 『ロード・オブ・セイラム』

『デビルズ・リジェクト』やリメイク版『ハロウィン』のドライで硬質な暴力描写が鮮烈なため忘れられがちだが、ロブ・ゾンビには〈トリップ映像〉の探求者としての一面がある。自ら手がけたミュージック・ビデオを別にすると、映像作家としてのロブ・ゾンビの銀幕デビューは『劇場版ビーバス&バットヘッドDO AMERICA』で、本作で彼は砂漠で幻覚サボテンを食べた主人公二人が〈トリップ〉する場面のアニメーションを手がけた。

『ビーバス&バットヘッド』のトリップ場面はわずか二分程度のものだが、これはロブ・ゾンビのキャリア上で重要な映像である。『白昼の幻想』に遡る伝統的なトリップ映像のテイスト——回転する渦巻き、ランダムな光の点滅——を背景に跳梁跋扈するのは、エド・ロス直系のロウブロウ・カートゥーン・キャラクター（キャラクター・デザインもロブ・ゾンビ本人による）。画面すべてがぐにゃりとダイナミックに変型して別ルのものへと姿を変える——明らかに『ピンク・フロイド／ザ・ウォール』でのジェラルド・スカーフのアニメーションを意識したとおぼしき——動きも確認できる。繰り返される左右対称の構図、およびグラフィックに配置されたドクロやファイヤーパターンのモチーフは、やはり西海岸ロウブロウ・アートからケン・ラッセルに至る極彩色の曼荼羅を引き継ぐものだ。左右対称＋ロウブロウ・アートへの偏愛は自身が監修したホワイト・ゾンビ時代のアルバムジャケにも散見される。

このカラフルで猥雑な「曼荼羅感覚」は、長編デビュー作『マーダー・ライド・ショー』で遺憾なく発揮された。殺人一家の紅一点ベイビーが『ロッキー・ホラー・ショー』ばりの〈フロアショー〉を演じる場面が、スプリット・スクリーンを用いた鏡面映像・多重並列映像で「動く曼荼羅」となっていたのは偶然ではない。思えばホワイト・ゾンビ時代のMTV『Thunder Kiss '65』は『ファスター・プッシーキャット キル！キル！』と、目に突き刺さる蛍光色が特徴のサイバー・ファッションの融合を〈トリップ〉感覚全開にカットアップしたものだったし、「ロブ・ゾンビ」名義になってからの代表的なMTV『Dragula』や『時計じかけのオレンジ』をモチーフにした『Never Gonna Stop』も、それぞれ左右対称で原色を多用したトリップ感が大きな特徴となっている。ロブ・ゾンビのMTVはどれも引用される映像、モチーフとなっている映画なども含め興味は尽きず、いずれ詳細な考察を試みたい。

『マーダー・ライド・ショー』の続編『デビルズ・リジェクト』で、ロブ・ゾンビはいったん〈トリップ映像〉から離れたように見えた。『リジェクト』は七〇年代アメリカン・ニューシネマの肌触りを「パスティーシュ」と呼ぶにはあまりにも徹底的に再現した作品なので〈トリップ映像〉はそぐわないが、そこには『マーダー・ライド・ショー』がMTV的と揶揄されたことへの反感もあったのだろう。ストーリーテラーとしての力量を見せつけるために、この作品でロブ・ゾンビは〈トリップ映像〉をあえて禁じ手にしたとも言える。

続くリメイク版『ハロウィン』も『リジェクト』のテイストを継承した作品だった。ジョン・カーペンターによるオリジナル版『ハロウィン』の恐怖が非常にドライなものだったことを考えると、オリジナルへのリスペクトという観点からも『リジェクト』路線でリメイクしたのは当然の判断だろう。

だが『ハロウィン2』でロブ・ゾンビは再び極彩色の曼荼羅世界へと戻ってきた。一作目と違い（『ハロウィン2／ブギーマン』には義理立てする必要がないため）、独自の世界観を展開する自由を手にしたロブ・ゾンビは『ハロウィン2』を主人公ロウリーとマイケル――二人は呪われた血でつながった姉弟である――の、内的地獄巡りの旅として描いた。殺害場面こそ『リジェクト』以来のウルトラ・ハードコアな演出ではあったが、『ハロウィン2』を決定づけるのは全体を覆う〈闇の祝祭〉感と随所に挿入される

幻想シーンである。
〈闇の祝祭〉と書いたが、これは映像のみならず、ロック・スターでありトリック・スターでもある「ロブ・ゾンビ」という存在が身を以て体現するエンターテインメントを包括する概念だ。巨大な666マークが輝き、轟音とともに火柱が立ち並ぶステージで地獄のショーを展開するとき、脳天に突き刺さるようなどぎついイメージが連打されるMTVや映画監督として、観客の首根っこをひっつかんで振り回すような強烈な映像体験を提供するとき、いつもロブ・ゾンビは司祭として〈闇の祝祭〉を華々しく展開してきた。
〈闇の祝祭〉はふだん、ライブ会場や映画館にしか出現しない。一年に一度の例外を除いては。そう、ハロウィンだ。ハロウィンこそロブ・ゾンビの愛してやまない、そして自ら日々体現する〈闇の祝祭〉が結界を破って現実世界を侵食する一夜である。そこでロブ・ゾンビは『ハロウィン2』のクライマックスでライブ会場の狂騒とマイケルによる凶行を重ね、さらにロウリー&マイケルの悪夢的な幻想をもぶち込んでみせた。当該場面ではロウリーと友人たちが『ロッキー・ホラー・ショー』のコスプレをして登場するが、これも毎週末、全米各地で繰り広げられる〈闇の祝祭〉空間としての『ロッキー・ホラー・ショー』上映を念頭に置いた演出である。

待望の新作『ロード・オブ・セイラム』で、ロブ・ゾンビは〈闇の祝祭〉感覚を限界まで拡張してみせた。

セイラムの街で深夜ラジオのＤＪを務めるハイジ（シェリ・ムーン・ゾンビ）のもとに、ある日「Ｔｈｅ Ｌｏｒｄｓ（君主たち）」とだけ記された謎めいたレコードが届けられる。家に持ち帰って再生してみると、レコードに録音されていたのは奇怪でレペティティヴな一種のチャントだった。かつてジャンキーだったハイジは、そのチャントを聞いた瞬間、得体の知れない〈トリップ感〉を覚える。同時に、ハイジの住むアパートの奥にある、空室のはずの第五号室の扉がゆっくりと開いていく……。翌日、「セイラムの魔女事件」についての本の著者ゲストに迎えた番組で、ハイジは件のレコードをラジオ放送でかける。またもやハイジの脳内に奇怪なイメージが再生されるが、今回はハイジだけではなかった。セイラムの街の至るところでラジオ放送を聞いた女がそれぞれ魅入られたように我を失っていた。

『ロード・オブ・セイラム』は主人公ハイジに寄り添い、彼女の目を通じてこの世と彼方の境界が崩れ落ちるさまをとらえた映画だ。ハイジは幻覚に苦しめられ、再びドラッグに溺れ、絶望の淵へと追いやられた末におそるべき真実を見ることになる。彼女を導くのは大家のおばさん（『いつも心に太陽を』、『悪魔の受胎』のジュディ・ギーソン）と、その友人（『ロッキー・ホラー・ショー』のパトリシア・クイン、『E.T.』、『クジョー』のディー・ウォーレス）のおばさんトリオ（三人の原型となっているのはもちろんシェイクスピア『マクベス』の三人の魔女であり、『ローズマリーの赤ちゃん』に登場する隣人のおばさんたちである）。三人の背後には、かつて「セイラムの魔女事件」で焼き殺された魔女マーガレット（『ゼイリブ』、『エメラルド・フォレスト』のメグ・フォスター）が大きな影を落としている。

『ロード・オブ・セイラム』は前作『ハロウィン2』といくつかの符合を見せる。どちらも主人公は元・ジャンキーで精神状態が不安定な女であり、そうとは知らず過去の亡霊に翻弄されている。彼女らは一様にゴシックで奇怪なビジョンを幻視する。周囲の友人は善人だが役に立たない。やがて、導き手（『ハロウィン』ではマイケル、『ロード・オブ・セイラム』では三人のおばさん）によって主人公は自らの裏にずっと息づいてきた暗黒と対峙することを余儀なくされる。決定的に違うのは一点、『ハロウィン2』のロウリーが最終的に闇を拒んだのに対して、『ロード・オブ・セイラム』のハイジはそれを受け入れることだ。「Let It Be（御心のままに）」というのは聖母マリアが精霊による受胎を告げに来た天使に答えたとされる台詞だが、ハイジは地獄バージョンの「Let

It Be」だ。そんな台詞は言わないが。

『ロード・オブ・セイラム』の〈トリップ感〉はその暗黒のクライマックスで頂点に達する。ジョン・カーペンター『パラダイム』を思わせる境界を越えて彼岸に達したハイジが目にするもの——それについてここで書くのは控えよう。ロブ・ゾンビがキャリアを通じて追求してきた〈ビジョン〉がそこにある。

ところで『ハロウィン2』と同様、今回もロブ・ゾンビの〈ビジョン〉について行けなかった観客あるいは批評家から「意味不明でわけがわからない」という大合唱が浴びせられたことは事実である。だが予告にも登場する〈劇場〉の場面などはむしろ分かりやすいものだ。煌々と光り輝く舞台から〈魔女〉に呼びかけられた客席の女が、次々と服を脱ぎ捨ててステージへと向かうカット——『フェーム』を観たことのある人なら分かる通り、『ロッキー・ホラー・ショー』に初めて来た〈バージン〉の客が〈闇の祝祭〉のグルーヴに巻き込まれ、思わず服を脱ぎ捨てて壇上へと向かう、あの感覚がここでは再現されている。

『ロード・オブ・セイラム』の舞台となるセイラムはニュー・イングランドにある。ニュー・イングランドはアメリカ北東部六州の総称で、十七世紀はじめからピューリタンが入植を始めた合衆国で最も古い地域だ。

〈ロブ・ゾンビ〉ことロバート・カミングスはそんなニュー・イングランドで子供時代

を過ごした。マサチューセッツ州ハーヴァーヒルはアメリカ史に必ず登場する地名だが、知名度とは裏腹に現実のハーヴァーヒルは人口数万人の小さな街だ。街はずれにはかつてインディアンが崇拝していた楢の巨木が節くれだった枝を広げている。

ニュー・イングランドの気候は陰鬱で、鉛色の雲が空を覆っている。少し歩けばすぐに古色蒼然とした墓地が目に入ってくる。「古い土地に住むというのはそういうことだ」と、ロブ・ゾンビは述懐する。「至るところに墓場がある」。

アメリカ史上に残る魔女事件が起きたセイラムの街は、ハーヴァーヒルからわずか四〇キロの位置にある。少年時代のロブ・ゾンビがセイラム事件にまつわる、おどろおどろしい話に親しんで育ったことは想像に難くない。

呪われた地だけがまとう独特の空気というものをよく知っていたからこそ、ロブ・ゾンビは『ロード・オブ・セイラム』をセイラムで撮影した。

現在ロブ・ゾンビはカリフォルニアに住んでいるが、撮影のためセイラムを再訪することで、彼は幼少期の記憶を辿り、同時にアメリカ開拓史を逆行することになった。約束の地から呪われし原初の土地へ。それはロブ・ゾンビが自身の映像作家としてのオリジンを求める旅でもあった。映像作家としてだけでなく〈闇の祝祭〉の司祭として。

「またホラー映画を撮ることは今後しばらくにわたってないと思う」。最近のインタビューでロブ・ゾンビはそう語っている。『ロード・オブ・セイラム』は映像作家ロブ・

ゾンビがたどり着いた／回帰した、究極の内的地獄への旅だったのだ。

No. 35 チャールズ・マンソン入門

一九六六年四月三〇日ワルプルギスの晩、地獄の門が開かれた。のちに黒い教皇、ブラック・ポープと呼ばれることになるアントン・ザンダー・ラヴェイがサンフランシスコにチャーチ・オブ・サタンを創立したのだ。公に悪魔への帰依を公言する（といっても、チャーチ・オブ・サタンにとって悪魔は象徴に過ぎないのだが）〝チャーチ〟の出現は全世界にショックをもたらした。

サーカスの猛獣使い、オルガン奏者、事件カメラマンなどさまざまな経歴を持つラヴェイは魅力にあふれたトリックスター的な人物で、一躍時代の寵児となった。サミー・デイヴィス・Jrやジェーン・マンスフィールド（のちに自動車事故で死亡）といったセレブリティを含む各界の著名人がチャーチ・オブ・サタンに殺到した。ラヴェイは客を招いてパーティを開くのが好きで、そういう場では彼一流のシニカルな話術で人々を楽しませた。入れ替わり立ち替わりやってくる客の中には、のちに『ルシファー・ライジング』を撮るケネス・アンガーもいた。ロマン・ポランスキーも真っ黒に塗られたラヴェイ宅、通称ブラック・ハウスを訪れた有名人の一人だ。

チャーチ・オブ・サタンが注目を浴びたのは教義以上に、一般に公開された儀式が大きな要因である。ラヴェイは祭壇として裸の女を使うのが常だったので、タブロイド紙には格好のネタだった。

ラヴェイは〝チャーチ〟設立以前から気の合う仲間たちと「マジック・サークル」という集いを持っており、魔術の研究を行うと同時にサタニックなショーも上演していた。ショーの目玉はストリップ・ダンサーによる冒瀆的なダンスである。ダンサーには未成年の少女もいた（もちろん違法だが、当時のサンフランシスコでそんなことを気にする者はいなかった）。のちに「セクシー・セディ」という愛称でマンソンに呼ばれることになるこの少女こそ、家出してきたばかりのスーザン・アトキンスである。

殺人者スーザンと、被害者の夫ポランスキーは、チャーチ・オブ・サタンという一点でつながっていた。

だが、それだけのことである。

チャーチ・オブ・サタンは「悪魔を崇拝する教会」ではない。ラヴェイは「宗教に隷属させられない自立した個人」の象徴としてサタンを用いたに過ぎず、それこそマンソン事件のような世俗的な〝悪〟はチャーチの考え方とは相容れない。当然マンソンもチャーチ・オブ・サタンのメンバーではなかった。

だが、ラヴェイの思想をきちんと理解する人はわずかで、「名前の響きからいっても、悪魔を拝んで殺人を勧めるような邪教に違いない」と思う人は圧倒的に多かった。間の悪いことに、マンソンは自分をジーザスと同一視し、黙示的な予言を繰り返すなど、宗教のイメージを濃厚に漂わせていた。

一九六九年、マンソンとその〝ファミリー〟はシャロン・テート殺害事件で全米にその名を轟かせる。

同年、アントン・ラヴェイは『サタニック・バイブル』を出版、サタニズム人気が一気に高まる（サンフランシスコの書店では、今なお聖書より売れているという）。

この二つはまったく別々の事象だが、それぞれ別の形で「愛と花の」ヒッピー時代に引導を渡すことになったのは皮肉な偶然である。

自由と愛を歌い、コミューンで平和に暮らす若者たち、というヒッピー幻想はマンソン事件で徹底的に破壊された。『サタニック・バイブル』は通俗化した実存主義と衒学的エリート志向で、『ジーザス・クライスト・スーパースター』に描かれたような呑気なキリスト教観にとどめを刺した。ラヴェイの打ち出したサタニズムの概念は皮肉な実存主義とでもいうべきもので、そこに犯罪の芽を見つけるのは至難のわざだ（一般に信じられているのとは正反対に、チャーチ・オブ・サタンの教義では動物の犠牲を禁じているほか、子供は大切にすべきだと教えている。なぜなら「子供は大人より獣に近く、より好ましいといえる」からだ。キリスト教こそ子供を虐待しているとラヴェイは言うが、それは紛れもない事実だ）。

だが『サタニック・バイブル』がいかに売れても、マンソン事件とサタニズムを結びつけたイメージは払拭されなかった。

ヒッピー運動の終焉とともに、じわじわと保守反動的な風潮が鎌首をもたげ始めた。やがて八〇年代の到来と共にオルタナティブな価値観（サタニズムなど）は公然と否定されるようになる。福音派キリスト教が勢力を伸ばし、「悪魔的な」ロックや映画は猛烈なバッシングの対象となった。いわゆる「サタニック・パニック」である。諸悪の根元はチャーチ・オブ・サタンだと決めつけられた。

「だって、あんな凶悪な事件を起こしたマンソンは悪魔教の信者だったんだろう？」

だから違うっつってんだろ！

マンソン事件を詳しく知るために、とにかく絶対観ておかなくてはならないフィクション映像としては、何がなんでも『ヘルター・スケルター』（七六年）と、『ヘルター・スケルター２００４』（〇四年・ＷＯＷＯＷで放映した）である。〇四年版が事件から逮捕まで、七六年版が逮捕から裁判の終わりまでを描いているので、両方観ると全貌がよく分かる。

デッサンの狂ったクレイ・アニメでマンソン事件の全貌を描いた『リブ・フリーキー！　ダイ・フリーキー！』も忘れるわけにはいかない。この作品は、プロデューサーがランシッドのティム・アームストロングということもあり、ミュージシャンが大量に声の出演を果たしている。マンソン役のビリー・ジョー・アームストロング（Green Day）はじめ、Go-Go'sのジェーン・ウィードリン、Blink182のトラヴィス・バーカー、Good Charlotteのベンジー・マデンらが主な顔ぶれだが、ほかにアーシア・アルジェント、ケリー・オズボーン（シャロン・テート役）も参加、三十六年を経てなお人々を惹きつけてやまないマンソンの魔力が再確認できる。アニメの方もチンコはぶった斬られるわ首は飛ぶわの大騒ぎで、驚いたことにミュージカルでもある。悪魔を従えた我らがチャーリーがハリウッドを血で塗り潰す場面は問答無用のカッコ良さ。

ヘルター・スケルター・イズ・カミング・ダウン・ファスト・アゲイン！

第三章

Unwholesome Spirits

不健康な精神

No. 36 『パッションン』は『ヘルレイザー』だ

「パッション」すなわちキリストの受難、というのは簡単に言えば、「全人類の罪に対する神の怒りを、キリストがその魂と体をもって一身に受けることであがなった」ことを指す。キリスト教的に重要なのは「魂と体をもって」という部分だ。どういうことかというと、「単に痛い目に遭って（残りの全人類の罪をあがなうために）死んでくれた」だけではなく、そこで「神に見放された罪人の絶望をも引き受けてくれた」という設定が人々の琴線に触れるからである。

ところが、一部のキリスト教信者は苦痛のイメージにとりつかれてしまう。鞭打ち苦行に血道をあげる中世の修道僧を例に挙げるまでもなく、自らに責め苦を与えることで、イエス・キリストと一体化したい、という人は多い。

メル・ギブソンは間違いなくそういうタイプの人間だ。

「『パッション』の暴力描写は必要不可欠なものだった。もっと残酷でもいいぐらいだ」とメル・ギブソンは言うが、確かに『パッション』のスプラッター表現は突出したものだ。

「今までも聖書を題材にした映画はあったけど、どれもぼんやりした、神話的なイメージにしか見えないように思った。だから『パッション』では、キリストの受難が体感できるような映像を作りたかった」。

結果として『パッション』は、人間が破壊される様を延々と映し出す異常な作品になった。狂信的なカトリックがどう持ち上げようが、あるいはユダヤ人が怒ろうが、『パッション』はストーリー性を欠き、スプラッター指数だけが異常に高い、狂った映画である。

聖書を題材にしてるのに、ストーリー性を欠いてるって？　そう、聖書に精通している人であればあるほど、『パッション』には面食らうはずだ。なぜなら『パッション』が底本にしているのは聖書ではないからだ。

メル・ギブソンが感銘を受け、『パッション』の下敷きにした本は「アン・キャサリン・エメリッヒの黙示による我らが主イエス・キリストの悲しい受難」という。アン・キャサリン・エメリッヒはオカルト方面で言及されることの多い尼僧で、いわゆる聖痕現象（キリストが磔刑のときに受けたのと同じ場所から血が噴き出す）で知られている。黙示、と書けばかっこいいのだろうが、アン・キャサリンの本は彼女の妄想した「キリストの受難」が綴られているにすぎない。

そして、「まるで何かに導かれるように図書館でこの本を手にとった」メル・ギブソンはその内容に夢中になった。『パッション』で聖書と違う部分がことごとく同書にもとづいていることは明らかなので、『パッション』を聖書の物語として論じるのはお門違いということになる。

『パッション』に見るべきところは多い。それは、随所にみられるホラー演出であり、精緻を極めた特殊メイクであり、近来まれにみる血しぶきドバーのスプラッター表現である。『パッション』は聖書エクスプロイテーション映画の世界に、新たな血まみれの地平を示すことに成功した。

『パッション』のクライマックスで、恍惚と苦痛がないまぜになったキリスト役者の顔を見ながら、ふと既視感にとらわれた。これは、『ヘルレイザー』だ！

『ヘルレイザー3』で、悪魔のミサを行うピンヘッドは「これは私の血、これは私の肉である！」と、頭のピンを抜いて両手に突き刺した。『ヘルレイザー5』ではパズルボックスに魅入られた人間が磔刑ポーズで固定される。加えて釘を打たれたキリストの手のひらを刺青にした人物も登場する。受難のイメージは一部の人間を虜にしてやまない。

禁断の快楽を求めてパズルボックスを開いた男は、想像を絶する苦痛の中に悪魔の法悦を手に入れた。

『パッション』は、メル・ギブソンのパズルボックスだったのである。

No.37 『サウスパーク』と『パッション』

世界中で議論を呼んだ映画『パッション』だが、物議を醸したのは、作品自体が「反ユダヤ的」であると見なされたからだ。問題とされたのは、キリストの死の責任をユダヤ人全体が負う、というセリフだ。聖書には「その男（キリスト）の血のことなら、我々が孫子の代まで引き受けた」（マタイ伝二十七章二十五節）、という部分がある。ユダヤ人が主イエス・キリストを殺した！　キー！　憎い！　と、単純なクリスチャンは、この一行をよりどころにユダヤ人迫害を繰り返してきた（よく考えればイエスだって使徒だってユダヤ人なのにおかしな話である）。中世ならそれでよかったが、ことホロコーストが起きるに至ってさすがにまずいと思ったバチカンは一九六五年に「イエスの死の責任は人類に普遍的なものでユダヤ人に帰するものではない」、と公式に表明。また、問題の箇所はそもそもユダヤ人迫害のために後から追加された可能性があり、歴史的な事実ではないのではないか、との研究結果も報告されている。二〇〇〇年、教皇ヨハネ・パウロ二世はイスラエルで、キリスト教にもとづく反ユダヤ主義について公式に謝罪もした。

メル・ギブソンが信じるキリスト教の一派は、「何が何でも聖書最高全部本当」という主義なので、こういうバチカンの姿勢を受け入れない（だからローマ・カトリック教会から認められていない）。そこで『パッション』にも、問題のセリフをそのまま入れ込んだのだが、これはちょっとまずかった。試写で『パッション』を観た観客から当該箇所についてクレームがついたのである。なーに、どうせ全部アラム語（当時キリストらがしゃべっていたとされる言葉）とラテン語で撮ってる映画なんだから、英語字幕だけ外しときゃいいさ、というのが、メル・ギブソンのとった解決方法だった。『パッション』には他にも多くの「反ユダヤ的」な描写があるが、とにかくブーブー言われた箇所の字幕だけを取り除いたのである。

公開された『パッション』は、メル・ギブソンの言い分とは反対に、国内外の反ユダヤ勢力を勢いづかせた。コロラド州デンバーの映画館は、映画の題名を掲げるべき看板に「ユダヤ人がキリストを殺した！　有罪確定！」と書いた。『パッション』が真実を明らかにしたんだから、そう書いたって全然平気だろう、と一部の人に思わせる何かが『パッション』にはあった。メッセージは伝わってしまったのである。

この常軌を失った状況に心を痛める人はアメリカにも数多くいた。トレイ・パーカーとマット・ストーン（ユダヤ人）もそうだった。トレイとマットは苦情を言ったり意見を表明する代わりに、『サウスパーク』の新エピソードを差し替えた。『パッション』が全米公開されたのは二月二十五日。それからわずか一ヶ月後の三月三十一日、『ザ・パッション・オブ・ザ・ジュー（ユダヤ人の受難）』と題したエピソードが放映された。こういうときだけ仕事が早いのは相変わらずだが、その内容は目を見張るものだった。どんなエピソードだったかというと……。

映画館で『パッション』を観たユダヤ人の子供カイルは打ちのめされた。スクリーンで繰り広げられていたのは、ただただイエスが悪のユダヤ人に迫害され、痛めつけられ、殺される様だったからである。カイルが『パッション』に足を運んだのにはわけがある。遊んでいる最中、「ま、どーせユダ公は世界の嫌われ者だからな」と言われたカイルが反論したところ、デブのカートマンが「いーや、みんな嫌いだよ。お前、まだ『パッション』観てないだろ？　全米第一位のメガ・ヒットだぜ？　三〇〇万人がもう観たんだよ？　数字はウソつかないんだよ。文句があるなら『パッション』観てから来い」と言ったからだ。『パッション』はR指定だったが、受付は「これはイエス様を描いた世界最高の映画だから特別に入れてあげよう」と、簡単に入ることができた。

映画を観終わってヘロヘロになったカイルは、カートマンのところへ向かう。

「……ぼくが悪かった。お前の言ってたことは本当だったよ……」

勝ち誇ったカートマンは、壁のメル・ギブソンのポスターに祈りを捧げた。

「今日は最高の日です。全部あなたのおかげです。わが主、メル・ギブソン様。これから『パッション』を広めるために何でもいたします。アーメン。ハイル・メル・ギブソン！」

次の日からカートマンの布教活動が始まった。『パッション』に感動した人を集め、「メル・ギブソン私設ファンクラブ」を組織するカートマン。その目的は……ずばり、ユダヤ人を地球から抹殺することだ。カートマンは巧みな演説で集まった人々を洗脳してゆく。

そのころ、カイルの級友スタンとケニーは怒り狂っていた。大ヒットだというので観に行った『パッション』がひどい代物だったからである。

「何だよこの映画！　ただのスナッフ・ムービーじゃんか！　金返せ！」

スタンは映画館の受付に詰め寄るが、受付はさも意外そうに問い返した。

「ええっ？　『パッション』が気に入らないって？　イエス様の生涯を描いた立派な映画だよ？」

「そういうのは教会で習うからいい。とにかく金返して。こんな映画に金なんか払えるか！」、「文句があるならメル・ギブソンに言うんだな」

それを聞いて、スタンとケニーはメル・ギブソンと直談判することを決意する。

カイルは毎晩のように悪夢にうなされていた。映画に登場する醜いユダヤ人の一人となった自分が、キリストを処刑する夢だ。困ったカイルはマキシ神父のところへ相談に向かう。今回やけにまともなマキシ神父から、「キリスト教の真髄は「贖罪」にある」と聞いて、カイルはいいことを思いつく。

メル・ギブソンの屋敷にやってきたスタンとケニーは、金を返してくれ、映画がつまんなかったから、と訴えるが、それを聞いたメル・ギブソンは目をむいた。

「ナニ～！『パッション』を嫌いになんてなれるわけがない！ イエス様の話なんだぞ！ 帰れ！」

スタンは食い下がる。「返してくれないんなら、財布から勝手に映画料金をもらって帰るぞ！」

すると、メル・ギブソンが突然服を脱ぎ始めた。唖然とするスタンとケニー。

「財布の隠し場所は言わないぞ！ どんなに拷問されてもだ！ 絶対言わない！ さあ拷問してみろ！」

「いや、別に拷問したいとかそういう話じゃなくて……」

「さあ鞭で俺を打て！ 拷問しろ！ 痛めつけてくれ～！」

手製の拷問台に自らを縛りつけ、素っ裸で絶叫するメル・ギブソンにあきれた二人は、

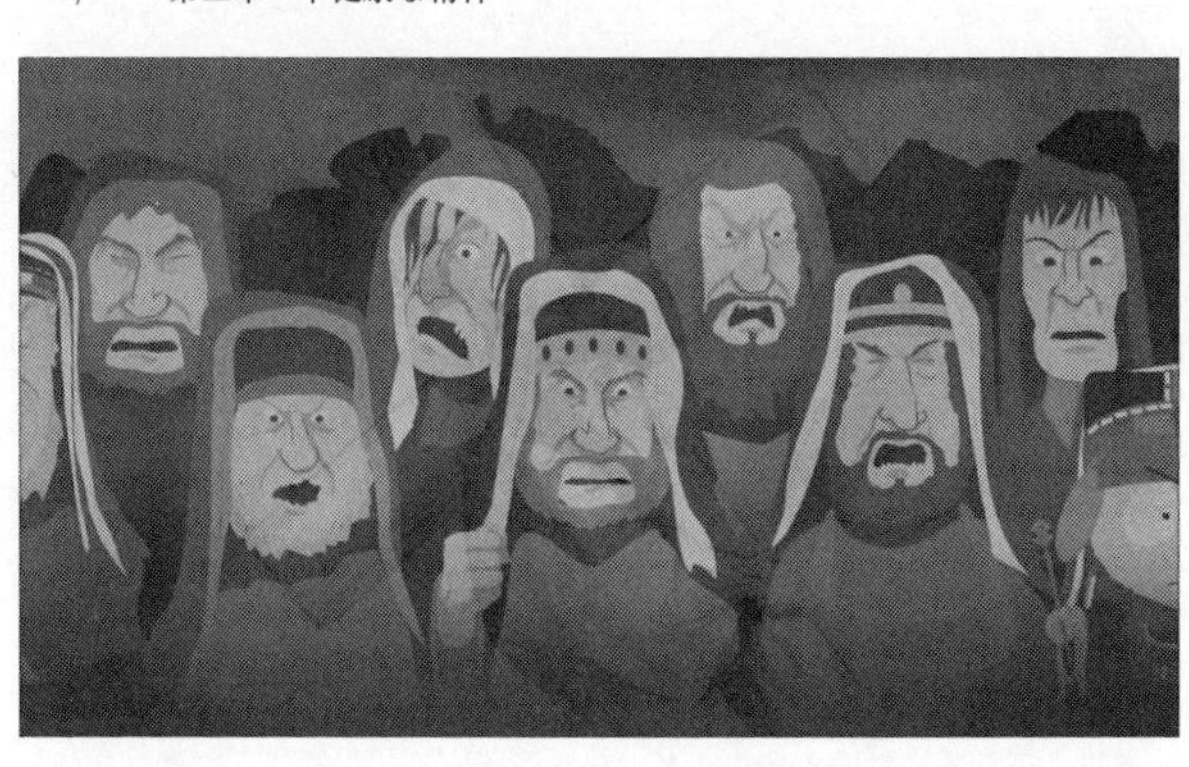

見つけた財布から映画料金一八ドルを抜いて屋敷から逃げ出す。

サウスパークでは、カイルがユダヤ教の聖堂で、集まったユダヤ人を前にスピーチしていた。

「あのう、ボク思うんですけど、アメリカは奴隷制について黒人に謝ったよね？　ドイツもホロコーストの謝罪したでしょ。だから、ユダヤ人もキリストの殺害について、みんなに謝るべきだと思うんです」

「ななな何ですってェ！」カイルママの声が会堂に響いた。

「この子は『パッション』を観ちゃったんだ！」、「あの、ユダヤ人に対する偏見ばかりを煽る映画をか！」、「『パッション』め！」会堂は騒然となるが、祭司がそれをとどめた。

「昔ならともかく、今は理性的な世の中じゃよ諸君。たかが映画一本で大騒ぎすることもあるまいて」

と、そこに外からザッザッという足音とシュプレヒコールが聞こえてきた。

「エス・イスト・ザイト・フュア・ラッチ！（復讐の時が来た！）」

「ヴィア・ムッセン・ディー・ジューデン・アウスロッテン！（ユダヤ人を絶滅させろ！）」

軍服に身を固めたカートマンが、「メル・ギブソン私設ファンクラブ」の人々を連れて行進してきたのだ。「『パッション』を広めるために、みんなでパレードしましょう」というカートマンのアイディアが受け入れられたからだ。「ついてはシュプレヒコールでこれこれを叫びましょう！」と、カートマンが教え込んだのはドイツ語だったが、外国語が一切わからないアメリカ人は、「あら、これ、きっとアラム語だわ！　映画と同じね！」、「クール！」などと無邪気に喜んでいたのである。

スタンとケニーは、サウスパークへと向かうバスに乗っていた。が、そのバスを追ってくる巨大トレイラーがあった。狂ったメル・ギブソンが、裸のまま『マッドマックス2』仕様のトレイラーで追ってきていたのである！

サウスパークの映画館前では、カートマンら「メル・ギブソン私設ファンクラブ」のメンバーと、ユダヤ人群衆がにらみ合っていた。「このキリスト殺し！」、「なにを言う！」と険悪な雰囲気になったところに、長距離バス、そして巨大トレイラーが突っ込んできた！

トレイラーから降り立ったギブソンは完全に異常だった。

「一八ドル返せ！　さもなくば俺を拷問しろ！　もう壁にウンコ塗っちゃうもんね！　どうだ、拷問する気になったか！」

これが、『パッション』を撮ったメル・ギブソンの正体だったのか？　動揺するサウスパークの住民とユダヤ人グループ。

「さあケツの穴に何でも突っ込んでみろ！　俺は耐えてみせるぞ！」

カイルは目を丸くした。

「ゲーッ、こんな変態の作った映画にボクは振り回されていたのか……」

スタンが言った。

「あのさ、キリスト教で大事なのは、どうイエス様が拷問されて死んだかじゃないだろ？　そんな話だったら中世にだっていくらでもあるもん。クリスチャンでいるのは別にクールだけどさ、それだったらイエス様が何を言って、何を教えてくれたかを考えなきゃ」

「この子の言う通りだ。十字架で死んだ人は沢山いるんだもんな。信仰のよりどころを暴力にすることはないや」

我に返ったサウスパークの住民と、ユダヤ人たちはそれぞれ家路につく。残されたカートマンが叫んだ。

「待ってよ！　ああ、オレ様の最終解決計画がーッ！」

No.38　最終報告『エクソシスト』

　二〇〇五年七月四日。六十一歳になるマイケル・テイラーの裁判がイングランドで行われていた。テイラーの容疑は少女への暴行。テイラーが発作的に橋から飛び降りるなど、四回に渡って自殺未遂していることを理由に弁護側は精神障害を主張。三年間に渡る治療を命じて裁判は終了した。

　かつてテイラーがブロードムーア医療監獄に収容されていた事実は、今回の裁判では不問とされた。とはいえ、その原因となった三十年前のおぞましい犯罪は地元の住民なら誰もが覚えていた。

　一九七四年十月六日、英国ヨークシャー州オスィット。

「これはサタンの血だ！　サタンの血なんだ！」

　全裸で血まみれの男は、そう叫びながら通りをふらついていた。通りかかった警官が男の身柄を拘束した。逮捕されたのは当時三十一歳のテイラー。調べにより、彼が浴び

た血は妻のものであることが判明した。二十九歳になるテイラーの妻クリスティンは、むごたらしい姿で発見された。判別できないほど破壊され、潰れたトマト同然のクリスティンの顔から白い骨がのぞいていた。

「あいつはサタンに取り憑かれていたんだ……」

そう語るテイラー自身に悪魔が取り憑いていた。凶行の前の晩、彼は近所の教会で悪魔祓いの儀式を受けていた。

テイラー自身の度重なる要求に応じる形で、聖トーマス教会のピーター・ヴィンセント司祭により儀式は執り行われた。エクソシズムでは、テイラーに取り憑いた四十もの悪霊がキリストの名によって祓われた。儀式は数時間に及び、終わったときには朝になっていた。ふらふらになって帰宅したテイラーは、心配して待っていた妻の両目を素手でえぐり出し、舌を引き抜いた。断末魔の絶叫が響き渡った。テイラーは気にせず妻の顔面の皮膚を引きちぎり始めた。

「我々はテイラーの体から悪霊を追い払ったのです。しかし完全ではなかった……悪魔はまだテイラーのうちに潜んでいて……それが彼に殺人を命じたのです」

エクソシズムを行った司祭らは裁判でそう証言したが、検察側は「神経症患者に暗示を与えて殺人者へと変貌させた」として、儀式を行った聖職者を厳しく断罪した。

テイラーには本当に悪魔が取り憑いていたのだろうか？

それまで幸せな結婚生活を送っていたテイラーの様子がおかしくなったのは凶行の数ヶ月前。ある日を境に、テイラーはむさぼるように聖書を読み始め、カルトがかった狂信的クリスチャンの集会にもたびたび顔を出すようになっていた。

俺は悪魔に取り憑かれているのではないか？　やがて確信へと変わる、その考えをテイラーにもたらしたのは一本の映画だった。

題名は『エクソシスト』。

クリスマスが終わった直後に、悪魔はやってきた。

『エクソシスト』は一九七三年十二月二十六日に公開されるやいなや、全米でパニックを引き起こした。

映画館には早朝から五〇〇〇人を越す長蛇の列ができ、ビバリーヒルズの映画館では朝八時から深夜まで連続上映、という非常措置がとられた。ニューヨークやワシントン

でも事態は同様で、『ゴッドファーザー』の記録がアッという間に塗り替えられた。四時間待ち五時間待ちは当たり前で、チケットの値段は高騰した。「上院議員でさえ『エクソシスト』のチケットがとれない」という噂まで広まった。『タイム』、『ニューズウィーク』といった主要誌はこぞって特集を組み、「これはもはや映画界だけの現象ではない。社会的、宗教的な特異現象だ」と断言。映画館では失神者や嘔吐者が続出、精神科医のもとにはカウンセリングの希望者が殺到した。めまいや悪夢、不眠を訴える「『エクソシスト』患者」は膨大な数にのぼったが、その程度の症状で済んだ者はまだましだった。錯乱をきたしてスクリーンに突撃したり、発作を起こして映画館から直接精神病院に移送される観客もいた。

誇張でなしに、映画『エクソシスト』は筆舌に尽くしがたい混乱をもたらした。

七四年にアメリカ以外の国々で映画が封切られると、パニックは全世界に飛び火する。

西ドイツでは、十九歳のライナー・ヘルトランプが『エクソシスト』鑑賞直後に自分の頭をライフルで吹き飛ばした。ニューヨークではティーンエイジャーが九歳の少女を殺害。「殺ったのはオレじゃない。何かがオレの中に棲みついているんだ。『エクソシスト』を観て以来、そいつはずっとオレの中にいる」と証言した。

自分の娘や息子が悪魔に取り憑かれていると思いこんだ親の中には、映画のやり方を真似して自己流の「悪魔祓い」を実行する者もいた。

七六年四月十一日、メリーランド州で行われた「悪魔祓い」では、生後三ヶ月のデミコ・リー・ノリスが母親の友人ジョイス・ポープに全身を強打されて死亡。同様の「誤った」エクソシズムの中には、「悪魔に憑かれた」子供の頭を幾度となくコンクリートで殴りつけたり、暖炉やオーブンに子供を投げ込む親もおり、鼻の穴に突っ込まれた十字架が脳に達したケースなどもあった。「クリスチャン儀式殺人」と呼ばれるこうした事件は、『エクソシスト』が公開されると同時多発的に大量発生し始めた。

キリスト教圏における『エクソシスト』は明らかにエンターテインメントとしてのホラー映画の枠を越えていた。『エクソシスト』は観客を引きずり回し、打ちのめした。「現実逃避の手段として、『エクソシスト』はかつてないパワフルな映画だ。頭を働かせて反論したり疑問を持ったりできるのは、映画が終わった後だけだ」と批評家ロジャー・イーバートは指摘した。

「この映画はスクリーンの中でおとなしくしているわけではない。観客に正面から攻撃をしかけるものだ……耐え難いショック描写があり、文章に書けないほど卑猥な言葉が頻出する。X指定（成人指定）でなくR指定なのが信じられない」。

監督フリードキンの演出もすさまじいものだったが、『エクソシスト』は「本当の話」＝「実録もの」として受け止められたため、恐怖は倍増した。すでにベストセラーとなっていた小説が「事実に基づいた」内容だったのは、映画公開時には周知の事実だった。

冒頭で紹介したマイケル・テイラーをはじめ『エクソシスト』に憑かれた人にとって、この映画は決してエンターテインメントなどではなかった。

彼らは「実話」として『エクソシスト』を受け取ってしまった。真実と嘘を巧みに織り交ぜるのが、まさに悪魔のやり口だとは知らずに。

『エクソシスト』の原作者ウィリアム・ピーター・ブラッティはインタビューや自著で、繰り返し『エクソシスト』執筆のきっかけになった、ある出来事について語っている。「マウント・レーニャの悪魔憑き少年事件」がそれで、新聞で事件を知ったブラッティは大きな衝撃を受けた。一九四九年のことである。

自らの信仰に確証を持てずにいた当時のブラッティは、「マウント・レーニャ事件」こそ「超越的な神が実在するという、まぎれもない証拠」だと思った。なぜなら「悪霊が存在するのであれば天使もいるはずだし、だとすれば、おそらく神も、そして永遠の生命もあるに違いない」からだ。

この考えはブラッティの心に深く根を下ろし、二十年後に小説『エクソシスト』として実を結ぶことになる。「悪魔がいるなら、当然神は存在する」というのはキリスト教徒にありがちな考え方だ。つまり全能の神が（悪魔を含む）全てを創造したのだから、被造物たる悪魔が実在するということが即ち神の存在を証明することになるというのだ。運命的ともいえる「マウント・レーニャ事件」とブラッティの出会いは、『エクソシスト』関連書籍では必ずといっていいほど取り上げられる有名なエピソードである。

事件の舞台となったのはメリーランド州マウント・レーニャ。ワシントンＤＣにほど近い、小さな町である。

一九四九年一月十五日、最初の異変がバンカーヒル・ロード三二一〇番地の家で起こった。どこからともなく、不可解なノイズが聞こえ始めたのだ。何かを引っ掻くような音、水が滴る音、ドンドンと叩くような音、そして足音が一晩中続いた。異変に気づいたのは当時十三歳の「ロビー少年（一九三五年六月一日生）」。「ロビー少年」は仮名で、「ロビー・ドウ」「ロビー・マンハイム」「ローランド・ドウ」などと表記される。ここでは単にロビー少年と呼ぶことにする。バンカーヒル・ロードの自宅には、少年のほか、両親と祖母が一緒に暮らしていた。

ロビー少年には、セントルイスに住む自称・霊媒師の叔母さんがいた。「ハリエット叔母さん」「ドロシー叔母さん」もしくは「ティリー叔母さん」といった仮名で呼ばれるこの女性は、スピリチュアル趣味（まじない）に傾倒し、西洋版「こっくりさん」ことウィジャー盤の使い手でもあった。少年はこの叔母にとても良くなついていた。叔母も少年を可愛がり、しばしば家をたずねて来ては、ウィジャー盤の手ほどきをすることがあった。二人はウィジャー盤を用いて「あの世とコンタクトをとっていた」のだ。

一月二十六日、その叔母さんが突然死んだ。

最愛の叔母の死を嘆き悲しんだロビー少年は、ウィジャー盤を通じて彼女とコンタクトをとろうと試みる。

時を同じくして、バンカーヒル・ロードの家ではポルターガイスト現象が起き始めた。少年のベッドがガタガタと動き、家具がひとりでに倒れたり、果物が宙を舞ったりした。

一連の怪現象と叔母さんの死に関連性があると考えた母親は「騒いでいるのが叔母さんの霊ならば、そうと分かるように三回ノックをしてちょうだい」と呼びかけてみた。すぐさま、ドンドンドンと床を三回叩く音で「霊」が答えた。

二月十七日。ポルターガイスト現象は依然として続いていた。起きるのは決まって少年の部屋だった。心配した両親は助言を求めてプロテスタントの牧師のもとを訪れる。相談を受けたシュルツ牧師は心霊現象に懐疑的な人物だったが、少年を一晩預かることを快諾した。それで何も起きなければ、両親を安心させられると考えたからだ。

だが、その晩、牧師の目の前でまたもや異変が発生。ベッドが揺れ動き、椅子が転がり、少年を包んだ毛布が生き物のように動き回った。

二月二十六日。ポルターガイストは一層激しさを増しつつあった。もはや少年のベッドが揺れ動くのは日常で、キッチンのテーブルが転倒し、コートやハンガーが空中を飛び回った。少年の体には無数の引っ掻き傷のようなものが現れ始めた。学校ではロビー少年が座った机が激しく動き回るために授業を中断せざるを得なくなり、このことが理由で少年は休学を言い渡される。

シュルツ牧師は、一見超自然的に見える出来事の原因がロビー少年のヒステリーではないか、という考えを捨てていなかった。そこでメリーランド大学付属病院の精神科で、少年の精密検査が二度に渡って実施されたが、結果は異常なし。

困惑した牧師は、カトリックの神父に相談するよう一家に助言。マウント・レーニャのセント・ジェームズ教会からアルバート・ヒューズ神父がやってくる。

神父はひと目で少年を〝悪魔憑き〟だと確信した。

いまや少年は不気味な声で冒瀆的なセリフをわめき散らすようになっていた。ヒューズ神父は地区の枢機卿に悪魔祓いの許可を求め、承認を受ける（この時点では正式のエクソシズムの許可はおりていなかったとする説もある。カトリックでは教会の正式な許可なしにエクソシズムを行うことは禁じられている）。

ロビー少年はジョージタウン大学病院に収容され、二月の終わりから三月の頭にかけて、ヒューズ神父による最初の悪魔祓いが実施された。

少年の中の悪魔はたちどころに反応した。ロビー少年はキリストを罵り、嘔吐し、唾をまき散らした。猛り狂った少年は体を縛っていたロープを引きちぎると、ベッドのスプリングを引き抜いて神父に襲いかかり、腕を引き裂いて百針を縫う大怪我を負わせた。

また、少年の腹にはみみず腫れのような文字が浮かび上がり、それは「土曜」「ルイス」「三週間半」と読めた。

この「ルイス」が死んだ叔母さんの家を指していると考えた両親は、息子をセントルイスの叔母さん宅へと移すことにする。

三月九日、ヒューズ神父に協力を要請されて、セントルイス大学のイエズス会神父レイモンド・J・ビショップが一家を訪れる。ビショップ神父も少年の傷を確認、ベッドが揺れ動くさまを目撃する。

続いて三月十一日、聖フランシスコ・ザビエル教会からウィリアム・ボウダン神父が到着。ビショップ神父とボウダン神父は就寝中の少年に祝福を授けた。が、二人の神父が立ち去った直後、少年の部屋から轟音が響き渡った。

驚いた家族が駆けつけると、何者かに荒らされたように部屋が滅茶苦茶になっていた。大きな本棚や椅子が倒れて散らばり、神父たちが枕の下に置いた十字架がベッドの端まで移動していた。

三月十六日。ジョゼフ・E・リッター枢機卿がついに正式な悪魔祓いの許可を下す。儀式の責任者はボウダン神父。ビショップ神父と神学生のウォルター・ハローランが助手として同席する中、いわゆる「ローマ典礼儀式書」に基づいてエクソシズムが開始された。

たちどころに「悪意」、「地獄」という文字が少年の背中に浮かび上がった。ロビー少年は下品な言葉をまき散らし、自慰のまねごとをし、神父と尼さんの性的関係をせから笑った。

連日の悪魔祓いは叔母さんの家からマウント・レーニャの自宅、セントルイスのアレキシオ修道会病院へと場所を移しながら、四月なかばまで続けられた。

この間、ロビー少年はますます狂暴になり、神父の金玉をわしづかみにして「クルミ割りをしてやろうか？」と脅迫した（ちょっと面白い）。また、習ったはずのないラテン語を口にするようにもなっていた（一説によれば、アラム語でも喋ったとされる）。悪魔祓いを行う部屋は冬のように寒くなった。

四月十八日。アレキシオ修道会病院で、通算一三回目のエクソシズムが行われた。ロビー少年は相変わらず神父たちに悪罵を投げかけ、縛られていたものの激しくエクソシズムに抵抗する様子を見せていた。ところが儀式の中盤、ボウダン神父が少年に十字架を握らせ、聖像が刻まれたメダルを首にかけてやると変化が訪れた。

荒れ狂っていた少年は急におとなしくなり、ラテン語の祈りの意味を神父に尋ね始めた。好機到来とみた神父は、悪霊に今こそ少年の体から出て行くよう命令した。次の瞬間、激昂したロビー少年がわめき散らした。

「俺は堕天使だ！」

エクソシズムは失敗に終わったかに思えた。

ところが夜の十一時に、突然、少年が叫びだした。今まで聞いたこともないような太い男の声で。

「サタンよ！　サタンよ！　我こそは聖ミカエル！　主の御名において命ずる！　サタン、ならびに悪霊ども、この体より立ち去れ！　ただちに！　ただちに！　ただちに！」

そう言い終えると、少年は神父に「あいつは出ていったよ……」とささやき、痙攣を起こして気絶した。

のちにロビー少年が語ったところによれば、「燃える剣を手にした聖ミカエルの幻影を見た」のだという。

こうして「マウント・レーニャの悪魔憑き少年事件」は終わった。

まさに驚くべき事件である。もしこれが事実とすれば、小説、あるいは映画版の『エクソシスト』はウィリアム・ピーター・ブラッティの創作というよりも、むしろノンフィクションと呼んだ方が適切なように思える。「着想の元にした」というには物語に類似点が多すぎるからだ。だが、ブラッティが目にしたという新聞記事はそこまで詳細なものだったのだろうか？

もしそうでないとすると「『エクソシスト』の元になった実話」として、今なお語り継がれる「マウント・レーニャの悪魔憑き少年事件」は一体どこから出た話で、その拠り所は何なのだろうか？

ウィリアム・ピーター・ブラッティ

著者ブラッティが初めて「マウント・レーニャ事件」との出会いについて語ったのは、映画公開直後の七四年に出版された『ウィリアム・ブラッティ、《エクソシスト》を語る〜小説から映画へ〜』という告白本である。同書によれば、ブラッティは事件で実際にエクソシズムを行った神父と手紙のやりとりをしており、事件の詳細を記した神父の「日記」を貸してくれるよう頼んでいる。その依頼は断られたが、ブラッティはどこからか「日記」のコピーを入手（入手経路は明らかにされていない）、それに基づいて『エクソシスト』を執筆したという。主人公を十四歳の少年から十二歳の少女に変えたのは、神父から「小説にするなら実際の事件との繫がりは可能な限りぼかしてくれ」と懇願されたからだ（とブラッティは言う）。

翌七五年、『FATE』という雑誌が「エクソシストの背後の真実」と題して『エクソシスト』特集を組んだ。

『FATE』は一九四八年に創刊されたオカルト系雑誌の老舗である。スティーブ・アードマンという記者による同記事は「マウント・レーニャ事件」について初めて詳細に述べたルポであり、その後の『エクソシスト』がらみの報道、噂、都市伝説の事実上の元ネタとなっている。事実上の、というのは『エクソシスト』の実話にまつわる記事のほとんどが、その引用元を明らかにしていないからだ。

「こういう事実があったらしい」という話がひとり歩きすることによって都市伝説は生まれる。

問題の『FATE』誌七五年一月号を取り寄せてみた。

実際の記事を読んで分かったことは二つ。一つは、これが神父の「日記」に基づいて「マウント・レーニャ事件」を追った記事であること（もちろん記者がどうやって日記を入手したかは不明）。誌面には「日記」の最初のページの写真が掲載されている。不思議なことに「日記」のほかのページの写真はこれまで一度たりとも出てきていない。

もう一つは、記事を書いたスティーブ・アードマンが当時三十歳のフリーライターで、UFO研究者として以前より『FATE』誌に寄稿していたことだ。

「マウント・レーニャ事件」をめぐる状況は一九九三年に新たな転機を迎える。これまで知られていなかった事件のディテールが満載の『Possessed（憑依）』が出版されたのだ。著者はトーマス・B・アレン。『Possessed』の記述は詳細を極め、「マウント・レーニャ事件」研究書の決定版として大反響を巻き起こした。

マーク・オプサスニック

続く九七年にディスカバリーチャンネルで放映されたTVドキュメンタリー『In The Grip Of Evil』は『Possessed』を元にしたもので、著者のアレンのほか、実際に悪魔祓いの儀式に参加したハローラン神父（エクソシズムが行われた当時は神学生）も登場、視聴者は「マウント・レーニャ事件」の「真実」に怖れおののいた。

二〇〇〇年にはやはり『Possessed』をベースにしたテレビ映画『エクソシスト／トゥルー・ストーリー』（日本ではDVDリリース）が製作され、こちらもおおいに話題を呼ぶこととなる。「アメリカで唯一、実証された悪魔祓いの儀式。最大の恐怖は、それが事実だったということだ！」というのが当時の惹句。「マウント・レーニャ事件」はもはや、アメリカ史上に残る「事実」とみなされていた。

だが、これに疑問を抱く人物が現れた。ジャーナリストのマーク・オプサスニックは、一九九二年から九六年にかけてマウント・レーニャの町に足繁く通っていた。著書『Capitol Rock』のため、地元出身で伝説のギタリスト、ロイ・ブキャナンにまつわる逸話を収集していたのだ。自分が取材して回っている街が『エクソシスト』発祥の地だということはマークも知っていた。だが、きわめて詳細なルポにみえる『Possessed』が、「憑かれた少年」本人はおろか、家族や隣人へのインタビューも試みていないことを彼は不自然に思った。

自分なりに調べてみよう。そう決心したマークは、マウント・レーニャに古くから住む老人を訪ね歩いた。

「マウント・レーニャ事件」は有名な話なので、証人は難なく見つかるはずだった。ところが、当時を知る住民の答えは意外なものだった。いわく「そんな少年はマウント・レーニャに住んでいなかった」、「この界隈じゃ、事件について家族や他の人が話すのを聞いたこともない」。

「その少年はマウント・レーニャじゃなくって、コテージ・シティの子だよ」

インタビュー当時七十歳のディーン・ランドルトはそう語った。

「私はヒューズ神父（悪魔祓いを主導したとされる）と仲がよくってね。彼がその子はコテージ・シティの子だと教えてくれたのさ。その後、少年はゴンザガ高校を無事卒業したって話だ」

それが事実なら、マウント・レーニャの住民が事件について知らないのもうなずける。では一体、バンカーヒル・ロード三二一〇番地には誰が住んでいたのだろうか？

マークは当時、隣（三二〇八番地）に住んでいたペギー・アシュトンから話を聞いた。「ハースさんの家には、おばさんにピアノを習いに毎日行っていたわ。あそこの家には子供なんかいなかった」

公文書館と歴史図書館で人名録と死亡記録を調べたところ、ジョゼフ・ハースとその妻がバンカーヒル・ロード三二二六番地に一九二六年に移り住み、少なくとも一九五〇年までそこに住んでいたことが分かった。番地が違うのは、一九四二年に区画整理があり、三二二六番地が三二一〇番地に変わったからだった。新聞の死亡記事で、ジョゼフ・ハースが一九五一年八月十六日に自宅で死んだことも分かった。

ハースの妻の名前はエミリー。彼らには子供がいなかった。

一九四九年、バンカーヒル・ロード三二一〇番地には「少年」など住んでいなかった。しかも、この住所にあった屋敷は一九六二年三月に焼け落ちていた。メリーランド消防署が消火訓練に使ったからだ。

消防訓練に参加した消防士デイヴ・マニングはこう話す。「六二年にあの家は焼いた。でっかい古い家で、近所の人も訓練に使うのを歓迎していた。この辺りで悪魔憑きの話など聞いたことはない。まったくだ」

悪魔憑き少年はマウント・レーニャにはいなかった。

ヒューズ神父と親密だったディーン・ランドルトの証言を元に、マークはワシントンDCにあるカトリック系ゴンザガ私立高校の卒業生名簿を調べることにした。一九七五年の『FATE』誌の記事が正しければ、少年の誕生日は一九三五年六月一日。エクソシズムが行われた期間、学校に行っていなかったとすれば卒業したのは一九五四年だ。

ゴンザガ高校の卒業者名簿によると、一九五四年に卒業した生徒は五人。二人がマウント・レーニャ出身、一人がワシントンDC出身で、残りの二人がコテージ・シティの出身だった。そのうちの一人と誕生日が一致した。一九三五年六月一日生まれ。彼が〝悪魔憑き少年ロビー〟なのだろうか？

調べたところ、〝ロビー〟の一家が一九三九年から一九五八年までメリーランド州コテージ・シティ四〇番通り三八〇七番地に住んでいたことが分かった。コテージ・シティに向かったマークは、三八〇七番地の家を見て驚愕した。ディスカバリーチャンネルの『In The Grip Of Evil』で「マウント・レーニャ事件の家」として画面に登場した家がそこにあったからだ。

三八〇七番の向かいには、コテージ・シティの町長兼警察署長ウィリアム・ホール・シニアが住んでいた。

「ああ、悪魔憑きの話なら知ってる。向かいの家で起きた事件らしいな。私が越してきた一九六八年当時は有名な話だったが……今はあの家に誰も住んどらんし、噂もあまり聞かないね。大概の人は事件がマウント・レーニャで起きたと信じてるようだから」

住所が特定できたため、マークは再び公文書館に戻って記録にあたった。するとカーギイという苗字の一家がコテージ・シティ三八〇七番の隣に住んでいたことが分かった。カーギイ家にはアルヴィンという息子がおり、現在はヴァージニア州で歯科医を営んでいるという。マークはヴァージニア州へ飛んだ。

「〝ロビー〟とはもう四十五年も会ってないが、今でも友だちだと思ってる。彼は小学校でぼくの一つ下の学年だった。両親同士が週末にトランプをする習慣があったので、自然とぼくらは友だちになった。〝ロビー〟の両親が、息子がおかしなことばかりする、と父に話すのは聞いたことがあるが、〝悪魔憑き〟なんて言葉は使っていなかった。〝ロビー〟は母親に連れられてセントルイスの病院に行っていたが、病気だからって話だった。コテージ・シティで〝悪魔祓い〟が行われたなんてことは話題にもならなかったし、そもそも、あのころ〝エクソシズム〟なんて言葉は誰も知らなかったんだ」

アルヴィン・カーギイの二人の兄も匿名（仮にＪＣとＢＣと呼ぶ）を条件に口を開いた。

ＢＣ「ちょうど八年生のころだったかな、学校で〝ロビー〟が座っていた椅子の腕が取れかけていたことがあった。グラグラになっていたから、〝ロビー〟が椅子を揺らすと猛烈に腕の部分が振動するんだ。先生がやめさせようとして叱ったが、〝ロビー〟は〝ぼくがやってるんじゃないんだよ〟と逆らって、家に帰された。彼を学校で見たのはそれが最後だ。椅子が部屋の中を勝手に動き回ったりするようなことは全然なかった」

ＪＣ「わしらは当時、実際に現場にいたし、起きたことも見た。だが、それはテレビ番組とは全然違った。たとえば〝悪魔に憑かれた少年がツバをまき散らした〟などと言っておったが、あれは当時わしらの間で流行っていた遊びだ。唇を閉じたまま、歯の間からツバを飛ばすのがクールだったんだ。それに〝ベッドが動き回る〟なんてのも、当時のベッドを知ってたら何のことだかすぐに分かるはずだ。あのころのベッドはみんな車輪がついていて、マットレスの代わりにスプリングを使っていたから、ベッドの上で少し暴れるだけでそこら中を走り回ったのさ」

では〝悪魔憑き〟などなかったのか？

ＪＣ「ああ、そんなものはなかった。〝ロビー〟一家はドイツ系でルーテル派だったが、あの家のおばあさんが迷信深くてね。〝ロビー〟の狂言をばあさんがおおげさに騒ぎ立てたおかげで〝悪魔憑き〟の話が出来上がった」

ベッドや椅子が勝手に動き回ることはなかったし、〝悪魔憑き〟の少年が緑色のゲロやツバを吐き散らしたことがないのも分かった。では、ヒューズ神父にスプリングで襲いかかったのは？　「実話」の映像化作品二本でも、スプリング攻撃の場面は衝撃的だ。『エクソシスト』でリーガンが母親をぶちのめし、神父の股間を潰そうとする描写のオリジンもここにある。

アルバート・ヒューズ神父は実在の人物である。

彼が在籍していたマウント・レーニャのセント・ジェームズ教会は学校も経営しており、神父はそこで体育の授業を行い、ベースボールのコーチも兼任していた。『エクソシスト』のカラス神父がスポーツマンなのは、ヒューズ神父をモデルにしているからだ。一九四八年から四九年当時、ベースボール・チームにいたトーマス・キアニーの証言。「学校では毎日ヒューズ先生に会っていたが、数日間に渡って学校を休むようなことはなかったし、ケガをしたという話も聞いたことがない」。

地元のコミュニティ・ニュースのバックナンバーには、ヒューズ神父関連の記事がいくつも記載されていた。これは教会が町の中心で、聖職者の動向が地元の関心事だからである。

「一九四九年二月二十七日：ヒューズ神父、聖マーティン教会でウィリアム・E・ケリー神父と会食」

「一九四九年三月一日：セント・ジェームズ教会母親クラブとの懇親会を欠席」

「一九四九年三月七日：ハイアッツヴィル公民館で〝共産主義における宗教〟というセ

ミナーで講演」

〝悪魔憑き〟少年と必死の戦いを繰り広げていた時期にしては呑気な記述が続く。

ヒューズ神父の同僚に、フランク・ボーバー神父という人物がいる。『Possessed』でも「信頼できるソース」としてしばしば引用されるボーバー神父は、「マウント・レーニャ事件」にからんで多くのテレビ番組に出演したほか、関連記事にも度々登場する。

しかし、このボーバー神父の証言には矛盾が多かった。

あるときは「事件が起きた場所についてヒューズ神父から聞いたことはない」と言い、またあるときは「それがマウント・レーニャで起きたのは周知の事実だ」といった具合なのだ。マークはワシントンDCのボーバー神父を訪ねることにした。

ボーバー神父の説明は立て板に水だった。彼がヒューズ神父から聞いたところによれば、「少年の部屋は冬のように寒くなり」、「電話が動き回り」、「少年は古代の言葉を操り」、そして「神父にスプリングで襲いかかって重傷を負わせた」。少年が住んでいたのはマウント・レーニャのバンカーヒル・ロード。

「おかしいですね」

マークはこれまでの調査に基づいて、少年がマウント・レーニャに住んでいたわけがないことを説明した。ボーバー神父の様子が変わった。

「わたしは……くわしい調査をしたわけではない。わたしが知っているのはヒューズ神父に聞いた話だけだ。そもそも一九四九年当時、わたしはこの辺りに住んでいなかった。これまで取材に訪れた人たちには、知っていることを話しただけなんだ」

「調べたところ、ヒューズ神父が少年の一家を訪ねたことはないようなんですが?」

ボーバー神父は首を振った。「その通り、神父は彼らの家には行っていない。母親が教会に息子を連れてきただけだ。奇妙な事柄の数々も、母親がヒューズ神父にそう話した、ということだ」

「マウント・レーニャの悪魔憑き少年事件」のクライマックスは、映画同様、エクソシストと〝悪魔〟との激しい攻防だ。映像化された『エクソシスト/トゥルー・ストーリー』では、激しい嵐が吹き荒れる中、中世の修道院を思わせるアレキシオ修道会病院でエクソシズムが行われる。〝ロビー〟は神父たちを罵り、念力ではね飛ばし、あげくの果てに空中浮遊をしてみせる。

実際のエクソシズムを執り行った人間で、現在も存命中なのは、事件当時に神学生だったウィリアム・ハローラン神父だけだ。マークはネブラスカの病院のチャペルに勤めるハローラン神父に電話でインタビューすることに成功した。

――〝ロビー〟は英語以外の言語を操りましたか?

「ラテン語だけだ」

——彼はラテン語を理解しているようでしたか？

「我々のラテン語をそっくり真似しているだけのようだったよ」

——少年は本人のものとは思えない声で喋りましたか？

「そんなことはなかった」

——少年はあなたの鼻を凄まじい力でねじ上げたそうですが……。

「それは思い出してみたことがなかったが。マイク・タイソンに殴られたような感じではなかった、とは言える（笑）」

——超常現象を目撃しましたか？

「ボトルが棚から落ちるのは見た。そのとき、近くのベッドが揺れ動いていたせいかもしれんが」

——そのベッドは車輪付きだった？

「その通りだ。ベッドは私がもたれかかっているときに振動したこともある」

——ツバを吐いたり、ゲロをまき散らしたりというのは？

「ツバはしょっちゅう吐いてたな……別に大した意味はなかった」

ドキュメンタリー『In The Grip Of Evil』に登場したハローラン神父は、〝ロビー少年〟の肌に現れた文字について語っている。「私は確かに少年の肌に文字が浮き上がるのを見た。まるで口紅で描いたかのようにくっきりとした文字だった」。

――少年の肌に実際、文字が浮かび上がるところをご覧になりましたか？　彼が自分でやったのでないと言い切れますか？

「見た……いや、確かに肌に文字はあったし……少年が自分で文字を書くところを見たことはない」

――そこから血が滴っていましたか？

「いや、むしろ……口紅で描いたように見えた」

――そのとき、少年の爪に血か何かがついているか、確認しましたか？

「彼の手は〝しるし〟の近くに置かれていなかったし……いや、指は確認しなかった」

――ビショップ神父の「日記」はまだお持ちですか？

「もう持っていない。あれは焼き捨てた」

「マウント・レーニャの悪魔憑き少年事件」に関する調査の終着駅は、〝ロビー少年〟本人に電話してみることだった。長きに渡る調査の末に入手した電話番号をマークはダイヤルしてみた。

六十代の〝ロビー少年〟本人が出た。

ぶっきらぼうではあったが、〝ロビー少年〟はいくつかの質問に答えた。

かつてコテージ・シティに住んでおり、マウント・レーニャにいたためしはないこと。

映画『エクソシスト』は観ていること。映画には何の協力もしていないこと。二度と電話をしてほしくないと思っていること。

「口調から、彼が遠い過去の事件についてきまり悪く感じているのが分かった。そんなことは思い出したくもない、という感じだった」。

マーク・オプサスニックは「〝マウント・レーニャの悪魔憑き少年事件〟は、まったく〝悪魔憑き〟などではなかった」と結論づけた。調査から得た手がかりの数々は「無関心な父親と過保護な母親に育てられた少年が周囲の関心を惹きたがっていたこと」そして「なんとしてでも学校から抜け出したがっていたこと」を示していた、とマークは言う。「癇癪を起こした少年は、神父によってベッドに縛り付けられた。彼はこれに正常に反応した……すなわち、怒り狂って暴れたのだ」。

「マウント・レーニャの悪魔憑き少年事件」が最初にメディアに登場したのは、一九四九年八月十日付のワシントン・ポスト紙だった。『〝悪魔憑き少年〟の気味悪い話を神父が語る〝Pastor Tells Eerie Tale of 'Haunted' Boy.〟』ビル・ブリンクリー筆。

内容はこうだ。

「匿名の聖職者が、地元の超心理学会（マウント・プリザント図書館にて開催）で語ったところによると、事件はメリーランド郊外の家で、一月十八日に始まった。引っ掻くような音や振動音が壁から聞こえ、少年のベッドが激しく揺れ動き、果物や絵が床に落ちた」。「少年が座った重い肘掛け椅子が倒れ」、毛布にくるまった少年が部屋中を這いずり回った。聖職者はこれを笑い話として紹介、少年を「こらこら、もう十分だろう」とたしなめたという。

いくぶん皮肉めかした書き方だが、同じ記者によってその十日後に書かれた記事では印象が一変する。

八月二十日付ワシントン・ポストの記事では「二ヶ月間に渡ってエクソシズムが行われ」、「少年は金切り声をあげて呪いの言葉をまき散らし」、「ラテン語を操った」。『マウント・レーニャの悪魔憑き少年、神父によって解き放たれる』と題されたこの記事こそ、若きブラッティが目にしたものだ。彼は十日前の冷やかし半分の記事を読んでいなかった。

二十年後、ブラッティが発表した小説『エクソシスト』はたちまちベストセラーになった。ウィリアム・フリードキン監督の映画版『エクソシスト』は作品賞・監督賞を含む十部門でアカデミー賞にノミネートされ、脚色賞と音響効果賞を受賞。

「ボストンのカトリック・センターには映画公開以来〝悪魔祓い〟の依頼が殺到」と『ニューズウィーク』(一九七四年二月十一日付)が報じたように、『エクソシスト』は大混乱をもたらした。

それまで、あまり知られていなかった「エクソシスト」という言葉が人口に膾炙し、全世界的に自分や他人が「悪魔に取り憑かれている」と言い張る者が続出した。「映画」と「現実」の区別は消え去った。小説の緻密さと映画の迫力は、『エクソシスト』が実話に基づいている、という噂に説得力を与えた。新聞や雑誌の記事、それにドキュメンタリー番組がさらなる伝説を築き上げた。それまでヒステリーや妄想の産物とされてきた悪魔は、再び実在する恐怖として語られるようになった。伝説の中心が空洞だとは誰も疑わなかった。マーク・オプサスニック以前には、誰ひとり事件の真相に踏み込んで調べようとしなかったからだ。

伝説が広まる中で、痛ましい虐待事件やむごたらしい殺人が次々に起きた。どれもこれも〝悪魔憑き〟の仕業だった。

二〇〇〇年にマークが調査結果を『STRANGE』誌（二〇号）に二四ページの記事として発表しても、事態は変わらなかった。『Possessed』を書いたトーマス・B・アレンはマークの取材を拒否したが、二〇〇〇年に出版された新版では、かつて「マウント・レーニャ」と記されていた部分が「コテージ・シティ」に変更されていた。それどころか、これまでかたくなに公表を拒んできた「神父の日記」の全文も付録としてつけられていた。アレンの説明によれば、その「日記」を提供したのはハローラン神父とのことだった。

ブラッティは二〇〇〇年に出演したフォックス・ニュースのトークショーで、唐突に

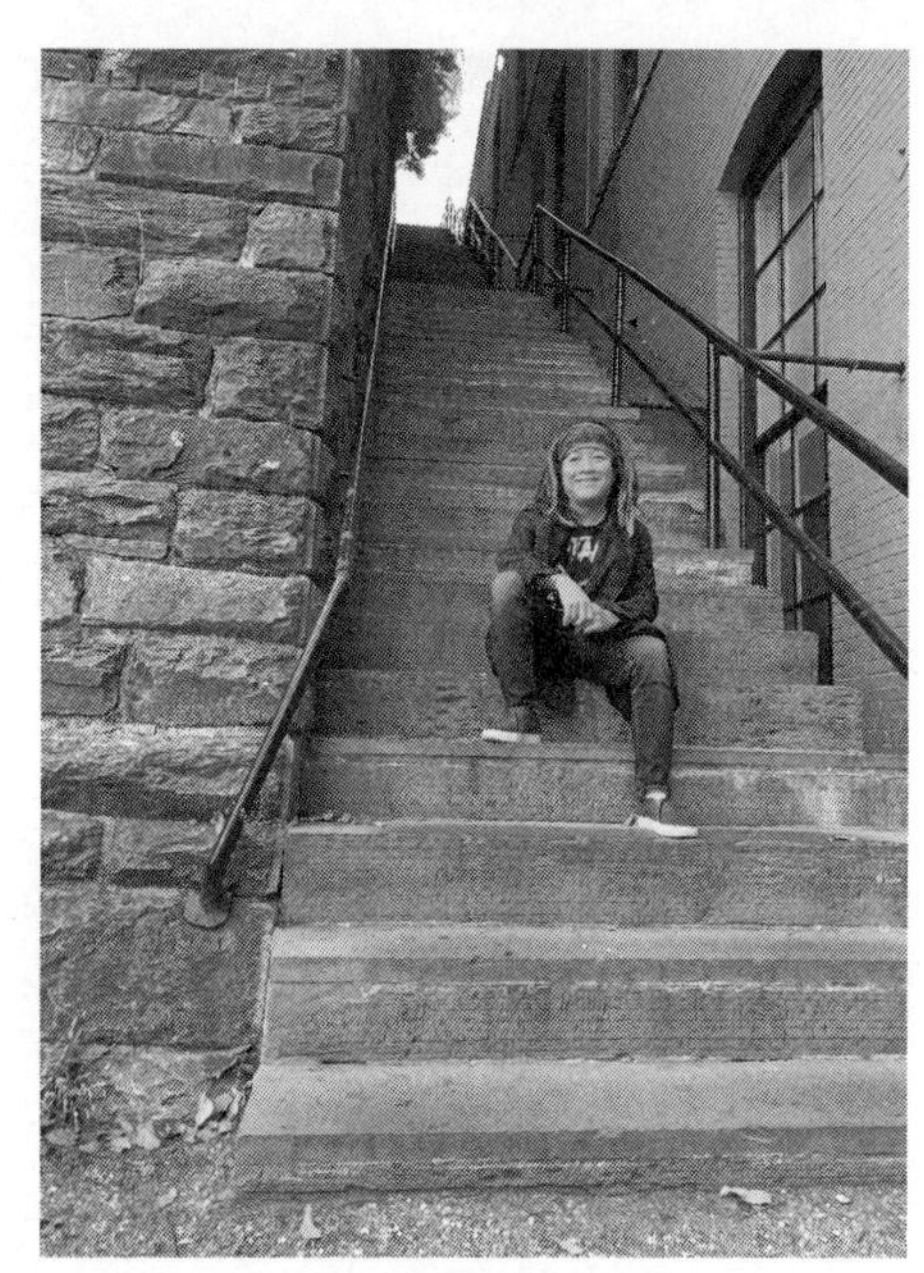

『エクソシスト』の階段に腰を下ろす筆者

「コテージ・シティの悪魔憑き少年」という言葉を口にした。過去二十年以上に渡って、常に「マウント・レーニャの悪魔憑き少年」と呼んでいたにもかかわらずである。

　ワーナーの『エクソシスト』公式サイトには、今も「映画の元になった実話」として「マウント・レーニャの悪魔憑き少年事件（地名はワシントンDCとぼかしてあるが）」のあらましが掲載されている。

　今日もなお、世界中のあちこちで『エクソシスト』の「元になった実話」がまことしやかにささやかれている。「マウント・レーニャ事件」の物語は鮮烈で、人々の心をとらえて離さない要素に満ちたものだ。数世紀に渡って実在が否定され続けてきた悪魔は、『エクソシスト』の手を借りて、都市伝説の中に甦ったのである。

No.39 『エミリー・ローズ』事件

実在の「エミリー・ローズ」ことアンネリーゼ・ミヒェルは一九五二年九月二十一日、ドイツで生まれた。敬虔なカトリックの両親、それに三人の姉妹に囲まれてアンネリーゼはすくすくと育った。一家はババリア地方に居を構える典型的な中産階級で、とりたてて目立つところのない、ごく普通の家庭だった。

少女が十六歳を迎えた一九六八年のある日、それは始まった。

アンネリーゼが突然、原因不明の痙攣の発作に見舞われたのだ。家人に発見されるまで、アンネリーゼは数時間に渡って自室でのたうち回った。大声を出して家族を呼ぼうとしたのだが、体の自由が完全に奪われて悲鳴すらあげられなかったのだ。

ウルツブルク精神診療所の神経科医はてんかんの大発作と診断。発作の激しさ、およびその後の抑鬱状態は深刻で、アンネリーゼは二年間に渡る入院を余儀なくされる。

一九七〇年、秋。ようやく退院したアンネリーゼは高校に復学。だが、ほっとしたのも束の間、こんどは悪魔の顔のビジョンがアンネリーゼを襲う。昼の祈りの時間になると、おそろしい形相の悪魔が自分をにらみつけているのだ。

「お前は地獄で生きたまま煮込まれることになる！」

悪魔の声がアンネリーゼの耳に突き刺さった。

「悪霊たちが私にあれをしろ、これをしろと命令するんです」

アンネリーゼは必死に医者に訴え、投薬治療を受けたが症状は一向に治まらなかった。アンネリーゼは次第に「自分は悪魔に取り憑かれたのではないか」という思いを強めるようになる。

幻視や幻聴に悩まされながらも、アンネリーゼはかろうじて日常生活を維持、一九七三年にはヴュルツブルク大学に進学する。しかしアンネリーゼの症状は進行しており、心配した両親は数人の聖職者にエクソシズムを依頼。だが、「教会が定める〝悪魔憑き〟の基準に満たない」と断られてしまう。教会による悪魔憑きの定義には「十字架や聖書などへの嫌悪」、「知らないはずの言語を操ること」そして「説明不可能な超能力（念動力）」などが含まれ、これら全ての基準を満たさない限り、司教は悪魔祓いの許可を下せない。

七四年。アンネリーゼのカウンセリングをしていたエルンスト・アルト神父がヴュルツブルクの司教にエクソシズムの認可を要請するが却下。

悪魔の攻撃は一向に止まず、アンネリーゼの行動はますます奇怪なものとなっていた。彼女は汚言を吐き、暴力を振るい、家族に噛みついた。「悪霊が許さないから」といって一切食事に手をつけなくなった。代わりにクモや蠅、石炭などを食べ、自分の小便を飲んだ。昼間は大声で叫びながら十字架を折り、イエスが描かれた絵を破り、ロザリオを引きちぎった。夜は床で寝た。自傷行動も始まり、着ていた服もずたずたに裂いた。床に排泄をするのは日常茶飯事となっていた。

一九七五年九月、ついにヴュルツブルクの司教ヨーゼフ・スタングルがアンネリーゼの〝悪魔憑き〟を認定。アルノルド・レンツ神父とエルンスト・アルト神父が儀式を任され、正式にエクソシズムが開始された。アンネリーゼは自分に六体の悪霊が取り憑いていると主張、ルシファー、イスカリオテのユダ、ネロ、カイン、ヒトラー、そしてフライシュマン（十六世紀フランク地方の破戒僧）が特定される。

一九七五年九月から七六年六月までの一年間にわたって、毎週一回あるいは二回のエクソシズムが行われた。〝取り憑かれた〟アンネリーゼは怪力を発揮したので、時には大人の男三人で押さえつけなければならないほどだった。

効果はあった。定期的に儀式は続けられていたが、アンネリーゼはいったん通常の精神状態を取り戻し、復学して教育学の期末試験を受けるまでに回復する。

だが、悪魔は攻撃の手を緩めたわけではなかった。アンネリーゼは以前にも増して引きつけを起こすようになり、気絶する回数も増えた。やがて一切の食べ物を受け付けなくなった彼女は栄養失調に陥り、皮と骨だけになった。儀式の最中、六〇〇回以上に渡って片膝をつく動作を繰り返したため（そう要求される）、アンネリーゼの膝の皮膚はずたずたに破れた。

　アンネリーゼが現実に〝悪魔祓い〟の儀式を受けていた頃、ドイツでも『エクソシスト』が公開され、大パニックを引き起こした。「悪魔に取り憑かれた」と思いこんだ人々はヨーロッパ中の精神科医に押し掛けた。

　アンネリーゼ・ミヒェルに最後のエクソシズムが行われたのは一九七六年六月三十日。肺炎の高熱に苦しみながらアンネリーゼは儀式に臨んだ。もはや朦朧として片膝をつくこともかなわなかったため、両親が彼女を支えて儀式に必要な姿勢をとらせた。

「免罪を、お赦しを求めてください」

か細い声でアンネリーゼは神父に懇願した。そして、「お母さん、私、こわい」と言うと意識を失った。翌七月一日正午、アンネリーゼは死亡する。二十三歳。体重はわずか三一キログラムしかなかった。

　アルト神父はアンネリーゼの死をアシャッフェンブルクの役所に報告、これを受けて主席検事がただちに事件の捜査にかかった。検察は事件の調査に二年を費やしたのち、両親と二人の神父を起訴。容疑は「監督責任の怠慢によりアンネリーゼを死に至らしめた」こと。

後に「クリンゲンベルク事件」として知られることになるアンネリーゼの事件の焦点は「何がアンネリーゼの死因だったのか?」、「誰の責任なのか?」の二つに絞られた。

悪霊の存在を微塵も疑わない神父たちと検察は真っ向から衝突した。

検死によれば、アンネリーゼの死因は餓死。専門家は、少なくとも死の一週間前から強制的に栄養を摂取させていれば、アンネリーゼは死を免れたはずだと主張した。これに対して、修道女の一人は「強制的に食べさせられるから、病院には行きたくない」とアンネリーゼ自身が言っていたと証言。二人の神父はエクソシズム中に録音された四〇〇本以上のテープを証拠として提出。テープには、「どちらが先に彼女の体から出るかで口論する」悪霊の声が録音されていると言い張った。片方の悪霊は「ヒトラーの霊」とのことだったが、ヒトラーはオーストリアの出身なのに、録音された声にはフランク地方の訛りが認められた。

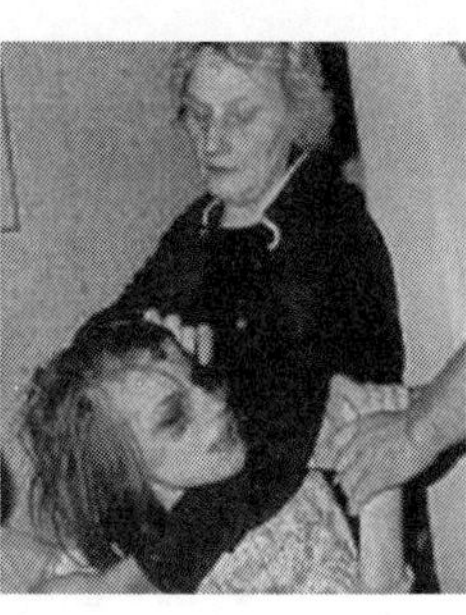

証人として呼ばれた精神科医は「空論による誘導」を主張した。神父たちによる〝悪魔祓い〟そのものが、アンネリーゼの精神異常の原因となっていたのではないか？　神父たちの言動を受け入れたがために、それに応えようとしてなおさら悪魔憑きのように行動せざるを得なかったのでは？

判決は思ったほど厳しいものではなかった。

アンネリーゼの両親と神父たちは「応急手当の怠慢による故殺」で有罪とされ、執行猶予つきの懲役六ヶ月が言い渡された。裁判長は「被告は被害者に必要とされた医療を提供すべきだった」にもかかわらず「浅はかな儀式によって」すでに衰弱していたアンネリーゼを死に至らしめた、と指摘した。ドイツのカトリック中央協議会はのちに、アンネリーゼ・ミヒェルは悪魔に取り憑かれていなかったと公式に発表。それでも「悪魔と勇敢に戦った」アンネリーゼの伝説はあっという間に広まり、その墓は今でも「信心深い」人たちの巡礼地となっている。

一九九九年、メディナ・エステヴェス枢機卿はヴァチカンで「ローマ典礼儀式書」の改訂を発表。一六一四年から長きに渡ってカトリック教会に用いられてきたローマ典礼儀式書は、十年間の編集作業を経て刷新され「来るべき千年紀への悪魔祓いの書」と呼ばれるようになった。

ジュリアン・ジェインズの〈二分心〉仮説によれば、現在人々が思っているような「意識」が生まれたのはたかだか三千年ほど前のことに過ぎず、それ以前の時代の人間は右脳から左脳に「命令する声」の形をとって聞こえてくる「神々の声」に従って行動していたのだという。この〈二分心〉時代の人間は、現代でいえば総合失調症に近い状態だった、というジェインズの主張は奇抜なようだが説得力がある。アンネリーゼが聞いた〝悪魔の声〟もこれに近いものではなかっただろうか。

（参考：ジュリアン・ジェインズ『神々の沈黙』紀伊國屋書店）

No.40　最悪の冗談レイプシャワー

スロバキアの珍妙な村祭りで、しこたま飲んだくれたベス（ローレン・ジャーマン）とホイットニー（ビジュー・フィリップス）がホステルに帰ってくる。知り合った男とベッドインできずじまいのホイットニーは、「やだやだ、このまま寝るのなんてやだ」と駄々をこねる。「ねえベス、あれやって！　あれ！」「あれって何よ？」、「〝レイプシャワー〟！」。仕方ないわね、とベスは壁を背にして立つと、目をつぶった。即興で演技をしているのだ。ひとしきりシャワーを浴びた（つもりの）ベスはやがて、くずれるようにしゃがみ込む。こらえようとしても嗚咽が漏れる。そして悲痛な声でつぶやいた。「……私……レ、レイプされたの……」。それを見て爆笑するホイットニー。

これが『ホステル2』ＤＶＤ映像特典に収録された幻の「レイプシャワー」シーンだ！

「レイプシャワー」とはその名の通り、レイプされた後に「傷つけられた体と心を癒す

ために」被害女性が浴びるシャワーを指す。映画ではおなじみの場面だが、「レイプシャワー」という言葉自体は『ホステル2』より以前からある実際の言い回しである。イーライ・ロスは「テンポが悪くなるから切ったけど、これは〝レイプシャワー〟をギャグにしているベスたちが、いずれ拷問組織に史上最悪の〝レイプ〟をかまされることを暗示したシーンで、笑えるし気に入っていた」と語る。要はクリシェそのものとしての〝レイプシャワー〟芝居を若い女性が冗談として行う、というシチュエーションがブラックな笑いを誘うのだ。『ホステル2』のDVDにはメイキングも含め特典が大量に収録されているが、〝レイプシャワー〟には驚かされた。これを観てしまうと、古今東西の〝レイプシャワー〟場面が全部爆笑シーンに見えてしまうから要注意である。筆者はこれを観た後で『善き人のためのソナタ』を観たが、映画自体はとてもよい作品だったにもかかわらず、深刻そのもののはずの〝レイプシャワー〟シーンで『ホステル2』を思い出して爆笑してしまった。イーライ・ロスのせいで今後〝レイプシャワー〟は真剣な場面として受け取りにくくなっ

てしまったわけで、これまで散々〝レイプシャワー〟を扱ってきた映画界にとってもたいへん由々しき事態であるといえよう。まったくもってけしからん話である。

No. 41 『デビルスピーク』

一九八一年に公開された『デビルスピーク』は、七〇年代オカルト映画と八〇年代スプラッターの間に産み落とされた異形の怪物だ。前年に公開され、大反響を呼んだ『13日の金曜日』とは対照的に、アメリカでは『デビルスピーク』は「『エクソシスト』のワーナーが送る恐怖の悪魔憑きホラー」として宣伝されたため、オカルト映画だと思って観に来た観客がクライマックスの血まみれ大殺戮場面で気まずい思いをすることになった。ちなみに日本での宣伝コピーは「いくら怖くても、恋人をおいて逃げだすことはしないで下さい！」というもの。まだまだ血まみれ映画がデート映画として機能していたことがわかる、なかなか素敵な惹句である。

『デビルスピーク』はオカルトとスプラッターを融合させただけでなく、「いじめ」、「パソコン」、「悪魔崇拝」など、当時のホットな時事ネタを巧みに取り込んだ作品だ(『キャリー』をパクったのは言わずもがな)。そのため消費されるのも早いかに思われたが、どっこい「いじめ」も「パソコン」も「悪魔崇拝（に基づくパニック）」も廃れるどころか、社会における重要度がますますアップ、かくして『デビルスピーク』は時代を超えて支持される映画となった。「学園ぐるみの卑劣ないじめに耐えていた主人公が、悪魔を召喚して自分をいじめていた連中を皆殺しにする」という『デビルスピーク』のプロットは現在でもじゅうぶん通用するだろう。

主役のいじめられっ子クーパースミスを演じたクリント・ハワードはロン・ハワードの弟で、『デビルスピーク』の演技はカルトな人気を呼んだ。子役時代から長いキャリアを誇るクリント・ハワードだが、『デビルスピーク』は彼の原点にして頂点だといえる。

アイディアあふれる人体破壊の数々も忘れるわけにはいかない。地獄からやってきた凶暴な黒ブタの群れに全裸の美女が食いちぎられ、魔剣が教師の頭を打ち砕く。生首がゴローン！　脳天がズバーン！　クライマックスはめくるめく残酷表現のオンパレードだ。

『デビルスピーク』には「観ること」の楽しみが詰まっているし、虐げられたものが地獄の復讐に転じるカタルシスがある。

コロンバイン事件のエリックとディランにも通じる、怒りに満ちたクーパースミスの勇姿に震撼せよ！

No.42 むきだしの愛

はっとするような詩的でビューティフルな場面と、とんでもなくあけすけで露悪的な場面が交錯する。園子温の映画はいつもアンビバレントそのものだ。新作『愛のむきだし』で、そのアンビバレントさは頂点に達した。ここで「聖と俗が」とか、利いた風な言葉を投入することもできるが、それはしない。ぼくは「聖」という字が指し示す、意味ありげなたわごとをまったく信じていないからだ。だから「聖」の対抗概念としての「俗」もない。

『愛のむきだし』が、まっ二つに引き裂かれた人々についての物語であることは間違いない。では彼らは何と何の間で揺れ動いているのだろうか？

いみじくもタイトルが指し示しているように、それは「愛」だ。ではいったい愛とは何か？

本作では聖書の「コリント人への手紙」の一節が、その解答のふりをして登場する。

「コリント人への手紙」というのは、まだキリスト教を知らずに暮らしていた人たちに向けてパウロが書いたといわれるキリスト教の布教文書の一つ。パウロはキリストとまったく面識がなかったどころか、その生涯についてもほとんど何も知らなかったことが確実なのだが、その話はまた今度。

『愛のむきだし』で、少女が「コリント人への手紙」を暗誦するところは非常に感動的だが、その場面でさえ園子温ならではのアンビバレンスにからめとられている。なぜなら、愛についてとうとうと語る「コリント人への手紙」の文章は情感に訴えるように書いてあるのだが、その引用によって、少女は自らのカルト宗教への帰依を正当化しているのである。にもかかわらず、この場面が「感動的にみえる」のはなぜなのか？

それは、聖書的なおためごかしでもなんでもいいから、狂おしく「愛」を求めずにいられない人間の本性が表現されているからではないだろうか？『愛のむきだし』の登場人物は、むさぼるように「むきだし」の愛を追い求める。はたから見れば滑稽で犯罪的であっても、当人たちは真剣だ。それが分かるからこそ、われわれ観客も引き裂かれる。いったい愛って何なんだ？　この、はらわたからの真摯な問いかけには慄然とさせられる。登場人物たちは内部でも外部でも引き裂かれ、打ちのめされて途方に暮れる。四時間に渡る上映時間は、それぞれの「愛」の道程を濃密に「むきだして」見せる。丹念に解剖された「愛」はすべて愚かさと直結している。

『愛のむきだし』は、人間の本質的な愚かさを、安易に断罪することなくまっすぐに見つめた映画だ。自分の愚かさと向き合うのは楽しいことではない。だから世の中には「そのままでいいんですよ」という甘言があふれている。全部大嘘だ。『愛のむきだし』を観る、ということは園子温の目を通して自分の愚かさと対面するチャンスでもある。そしておそらく、愚かさや狂乱に満ちたカオスを通り抜けることなしに、「愛」に近づく道はないのだろう。

No.43 異常純愛映画

「純愛」とストーカー行為はそっくりだ。最終的に結ばれたらハッピーエンドだが、そうでない場合は、いくら「これは純愛なんだー!」と絶叫しても無駄。勝手に盛り上がって意味不明のラブレターを送りつけ、追い回し、あの手この手で迫ってくる人間は、相手からしてみたら恐怖の対象以外の何者でもない。

純愛映画、と聞いて真っ先に思いついたのはコッポラ版『ドラキュラ』。ありとあらゆる映像テクニックを投入した異常なテンションの名作だ。冒頭、城に帰ってきたドラクル公(ゲイリー・オールドマン)が敵の奸計にかかって自害した妻の亡骸を見つけて絶望、「クソ、もう神など信じない!」と十字架に剣を突き刺し、永遠の呪いを誓う場面は涙なしに見ることができない。だがその数百年後、十九世紀のロンドンでドラキュラが追い回すミナは、単にかつての奥さんに顔が似ているだけの赤の他人である。だからミナは逃げる。逃げられるとより追いたくなる。悪循環としか言いようがない。ミナを演じたウィノナ・ライダーは他の映画でも手がハサミの人造人間に横恋慕されたり（『シザーハンズ』）、あの世からやってきた怪人と無理矢理結婚させられそうになったり（『ビートルジュース』）、ろくな目に遭っていない。
『ドラキュラ』のように、男の方が怪物の場合は得てしてストーカーになりやすい「純愛」だが（代表格は『大アマゾンの半魚人』や『キング・コング』）、女がバケモノだとうまくいく、というのは『スペースバンパイア』を観ればわかる。『スペースバンパイア』の女バンパイア（マチルダ・メイ）は、見る者の理想の女の姿をとって現れる。それも全裸で。だから主人公は周囲の制止も聞かずに突っ走り、最終的にはめでたく合体、ということになるわけだが、こうやって書いてみると何とも男に都合のいい話のように思える。

やはり女バンパイアの登場する『ハンガー』は、数百年に渡って続いた純愛カップル（カトリーヌ・ドヌーヴとデヴィッド・ボウイ）の物語。純愛というより果てしなく長い倦怠期を描いているような気もするが、ラスト、一気に数百歳も老け込んだ男を、それでも見捨てない女バンパイアの姿はやはり「純愛」という言葉がふさわしい。ある意味これも『スペースバンパイア』同様、男に都合のいい話である。恋人（それもデヴィッド・ボウイ）がいきなりヨレヨレの老人になったとして、それを受け入れるのは、バンパイアでない普通の人間には難しい。といって、じゃあ女がバケモノの場合は毎回うまくいくのかというとそうでもない。『コープス・ブライド』や『グレムリン2』(の性転換グレムリン)は女ストーカーの代表格。『危険な情事』のグレン・クロースもほとんどモンスターであった。

男も女も人間でない純愛もある。『スピーシーズ2』がそうだ。人間の姿をまとった二人のエイリアンは(正体はギーガーがデザインしたバケモノだが)、DNAと性欲の命じるまま、ムラムラきて悶々と互いを捜し求める。子供もバンバン作る。宇宙人同士の純愛とセックスを描いた画期的な映画だと思う(その革新性は世間的にはまったく認められなかったが……)。

子作りにはげむカップルといえば『バスケットケース2』、同『3』のベリアル夫婦も忘れるわけにはいかない。一作目では満たされない性欲を殺人で発散していたベリアルだが、『2』で奇跡的に自分と同じ姿形の伴侶と出会い、愛の炎を燃え上がらせる。『3』では妻子を守るためにパワードスーツ姿で立ち上がったが、あのベリアルに家族が出来る日が来るとは……と、目頭が熱くなったものである。

『バスケットケース』のヘネンロッター監督の『フランケンフッカー』も立派な純愛映画。主人公の天才青年は、芝刈り機に巻き込まれて死んだ彼女を甦らせるため、娼婦をぶち殺して肉体のパーツをかき集める。似たようなケースに『死霊のしたたり2』や『デッドリー・フレンド』があるが、同テーマの映画としては『バタリアン・リターン

ズ』にとどめを刺す。ゾンビでもいいから彼女に甦ってもらいたい、という男の純情と「甦ったはいいけどゾンビなので腹が減って仕方がない→でも彼氏を食べるわけにはいかない！」という彼女の愛情をスプラッターでくるんだ立派な映画である。純愛にも程がある。『死霊のはらわた』のアッシュは似たようなシチュエーションで「死霊にとりつかれたとはいえ、惚れた女をバラバラにしていいのだろうか」と悩んだが、最終的には純愛に踏ん切りをつけてチェーンソーを手に取った。『XYZマーダーズ』といい『ダークマン』といい、もちろん『スパイダーマン』もそうだが、サム・ライミはなんだかんだ言ってしょっちゅう純愛をテーマにした映画を撮っている。

名実ともにホラー界きっての純愛カップルといえば、やはりチャッキーとティファニーだろう。『チャッキーの花嫁』、『チャッキーの種』でみせた、カップル協力殺人プレイは「愛があればどんなことでも二人で成し遂げられる」ことを描いて美しい。

そして、時空を越えた純愛カップルといえば『バンデットQ』に登場する〝永遠の恋人〟ヴィンセントとパンジーを忘れるわけにはいかない。いつ、どの時代にいっても同じ二人がいちゃついているのだ！

こうして見てみると、ホラー映画や血まみれ映画に「純愛」が出てくるとき、それが常に「異形の者の悲哀」と表裏一体になっていることが分かる。最初に純愛はストーカーに似ていると書いたが、惚れた相手に拒絶され、攻撃され、殺される異形の怪物たちは、受け入れられない愛情を抱えてさまよう人間そのものなのであった。でもストーカーはダメだぞ！

No.44『スウィーニー・トッド』

顔面真っ白！　心は真っ黒！　飛び散る鮮血はカーマイン！　ゴスの三原色をひっさげてティム・バートンが帰ってきた。十九世紀末の煤けたロンドンを舞台に血みどろの復讐劇が繰り広げられるミュージカル、『スウィーニー・トッド／フリート街の悪魔の理髪師』（注）は、ゴシック映画の新たな記念碑となるべき作品である。

『スウィーニー・トッド』の物語は絶望に満ちた地獄のメロドラマであり、ブラックジョーク満載のグロテスクにして陰惨な復讐譚だ。

若き理髪師ベンジャミン・バーカーは、妻に横恋慕した悪徳判事の手によって無実の罪で島流しになる。十数年後、ベンジャミンはスウィーニーと名前を変えてロンドンに戻ってきた。だが、冷酷な現実がスウィーニーを打ちのめす。不在の間に妻を失っていたばかりか、なんと娘までもが判事の手に渡っているというのだ。

「クソ、もうみんな殺す！」とヤケを起こすスウィーニーだが、そんな彼に手をさしのべた女がいた。スウィーニーの大家で、階下で「ロンドン一まずい」パイ屋を営むラベット夫人だ。長く続いた不況のため、ミートパイの材料を入手できずに困っていた彼女は、スウィーニーの「どいつもこいつもブチ殺してやる！」という叫びに目を輝かせる。これは天啓では？（絶対違う）と思ったラベット夫人はスウィーニーにとある共同事業をもちかける。そして二人の門出を祝すかのように、ほとばしる血しぶきがロンドンの夜を赤く染め上げる！

オリジナル版ミュージカル『スウィーニー・トッド』の初演は一九七九年。NYはユーリス劇場での初日はさんざんな酷評を浴びた。一幕と二幕の間に、「気分が悪い」と観客の半数が帰ってしまったのである。だが、『ウェスト・サイド物語』のスティーブン・ソンドハイムによる暗黒神話は次第に人気を得るようになり、最終的に初興行では五五七回もの上演を記録するまでになった。現在も各地で上演は続いている。去年サンフランシスコで行われた上演でスウィーニー・トッドを演じたのは『鮮血の美学』のデヴィッド・ヘスである。日本では去年、市村正親＆大竹しのぶ主演で公演が行われたばかり。

楽曲がいくぶん省略されているが、ティム・バートンの『スウィーニー・トッド』は一点を除いてほぼ舞台版に忠実だ。大きく異なるのはラベット夫人の扱いである。映画版のラベット夫人はヘレナ・ボナム＝カーターが演じており、それはそれで別に悪くないのだが、役柄としてのラベット夫人の存在感は舞台版に比べてずいぶんと縮小されている。復讐に向かってまっしぐら、というスウィーニーに対し、ラベット夫人は複雑でウィットに富んだキャラクターだ。現実的かと思えば夢想にふけり、優しい一面を見せた直後にてきぱきと人肉をさばく。舞台版のポスターではスウィーニー役より先にラベット夫人がクレジットされているほどで、実質上の主人公といってよい。

ティム・バートンが望もうと望むまいと、ジョニー・デップがキャスティングされた時点で『スウィーニー・トッド』が所謂「ジョニデ映画」として成立してしまうのはやむを得ないことだ。当然、スウィーニーが活躍する場面も舞台版より多くなる。反比例してラベット夫人の印象は薄まった。

だが、ティム・バートンは『スウィーニー』を単なる「ジョニデ映画」にはしなかった。先に本作が「ゴシック映画の新たな記念碑となるべき作品」だと書いたが、バートン監督は自分のイメージする世紀末ロンドンを緻密に描き出すことと、目を覆うばかりの残虐描写で『スウィーニー・トッド』を一大ゴシック絵巻に仕立て上げた。

映画はスウィーニーがロンドンに帰還する場面で幕を開ける。舞台では小舟に乗っていたが、映画版では真っ黒な帆船がしずしずと入港する。災厄がやってきたのだ。明らかに『ドラキュラ』や『ノスフェラトゥ』(どっちも同じだが……)をイメージしたオープニングだ。スウィーニーが上陸したロンドンにはネズミとゴキブリが這い回り、煙突がどす黒い煤煙を噴き上げ、不潔きわまりない浮浪者たちが闊歩する。何もかもが灰色一色の世界に、スウィーニー・トッドとラベット夫人がひときわ真っ黒な衣装で現れる。唯一の色らしき色は犠牲者の喉笛から噴き出す血の赤だけだ。『エレファントマン』とも『オリバー!』とも違う、まったくオリジナルな「ティム・バートンの」世紀末ロンドンが画面を覆い尽くす。『スリーピー・ホロウ』以来の執拗なスプラッター表現と、『ホステル』もかくやの人肉工場描写にも驚かされる。床屋だと思ってスウィーニ

ーの店に来た客同様、『スウィーニー・トッド』を「ジョニデ映画」だと思ってやってきた観客は、ティム・バートンのどす黒い奈落へと真っさかさまに突き落とされる。

（注）原題の直訳だから仕方ないとはいえ、『スウィーニー・トッド／フリート街の悪魔の理髪師』はずいぶんと上品な題名である。だからといって、同じ題材を扱ったアンディ・ミリガン監督作品のビデオ題名『血に飢えた断髪魔／美女がゾクゾク人肉パイに』（七〇年）は下品すぎる。原題『ブラッド・サースティ・ブッチャーズ』は、ほかのミリガン作品同様、題名だけはかっこいいのだが……。

No.45 メイキング・オブ『バットマン　リターンズ』

　公開されるや否や、『バットマン　リターンズ』（以下『リターンズ』）は毀誉褒貶の嵐にさらされた。

「ティム・バートンにはまともな物語を語る能力がない」

「ダークで不気味すぎる上、性的な要素が強すぎて、子供に見せられない」

「バットマンを悪役と並列に描いてその価値を貶めた」

　中には「大予算のブロックバスター作品でありながらアート映画でもあるという初の作品」という、褒めてるのか嫌味なのか判然としない評もあった。

　一方で『リターンズ』は全米公開三日で四五六九万ドルという興収を達成、これはその時点で史上最大の記録である。全世界で「バットマン現象」というべき一大ブームを巻き起こした一作目があってこその結果ともいえるが、それでも超弩級の大ヒットだったことは間違いない。

にもかかわらず、ワーナーは『リターンズ』の興行成績に不満をくすぶらせた。「もっと稼げたはずだ」というのだ。『リターンズ』の暴力描写、陰鬱な世界観、性的な暗示などが「家族連れを遠ざけてしまったため」、企画としてのポテンシャルを最大限に生かせなかったと彼らは考えた。続く三作目（『バットマン フォーエバー』）から監督がジョエル・シュマッカーにバトンタッチされた理由の一つはこれである。一作目は三五〇〇万ドル〉こと収益のみに限って言えばワーナーの言い分にも一理ある。一作目は三五〇〇万ドルの予算で四億ドル以上を稼ぎ出したが、『リターンズ』は倍以上の予算（八〇〇〇万ドル）を投じながら、三億ドル弱の収益「しか」あげなかったからだ。これを「それでも予算の四倍近く稼いだのだから立派な興行成績だ」とみることもできるが、ワーナー首脳部はそうは思わなかったのである。

『リターンズ』の脚本作業は難航した。第一稿は一作目のサム・ハムが担当。この時点でペンギンとキャットウーマンの登場が決定した。ペンギンは一作目にカメオ出演させる予定もあったので、満を持しての登場である。

サム・ハムの脚本は、しかしながらスタジオ上層部には不評だったため、ティム・バートンは脚本家ダニエル・ウォーターズを招聘する。ウォーターズが脚本家デビューを飾った異色作『ヘザース』はバートンのお気に入りだった。なんといっても『ヘザー

ス』は、はぐれ者の高校生が学校を爆弾で吹き飛ばす物語なのだ。ウォーターズは『フォード・フェアレーン』と『ハドソン・ホーク』という、ハリウッド史上に残る失敗作の脚本も手がけていたが、バートン直々の指名ということもあり、そのへんは不問に付された。

ペンギンが市長選に打って出る、というアイディアはウォーターズが持ち込んだ。これはアダム・ウェスト主演のTV版『バットマン』のエピソードがベースとなっている。人生に行き詰まった、冴えない秘書セリーナ・カイルがキャットウーマンへ変貌を遂げる、というのもウォーターズの案。脚本作業を進めるにあたって、バートンとウォーターズは「コミック原作にとらわれない」というモットーを掲げており、原作を参照してオタク的な「整合性」にこだわるようなことはしなかった。コミック『バットマン』の生みの親ボブ・ケインが監修にあたっていたし、それより「ドラマとキャラクターがきちんと描けているかの方が重要」（バートン）だったからである。

原作から離れて自由に発想するべきだ、というスタンスがあったからこそ誕生したキャラクターがマックス・シュレック。名前の由来はご存じの通り、ムルナウの『ノスフェラトゥ』で吸血鬼を演じたドイツ人俳優だ。ウォーターズとバートンはシュレックをペンギンの生き別れた弟として設定、何もかも失った兄ペンギンと、すべてを手に入れた成功者シュレックの対比がストーリーの要となった。二人が兄弟という設定はのちに削られたが、ペンギン＝シュレックの奇妙な愛憎関係は残った。

『リターンズ』の骨子はこうして決まったが、クライマックスに問題が残った。九一年の『ケープ・フィアー』や『アラクノフォビア』の脚本家ウェズリー・ストリックが応援に呼ばれ（未クレジット）、「ペンギンが、ゴッサム中の第一子を誘拐して殺す」という悪魔のプランが書き加えられた。悪魔の、と書いたが、ストリックがベースにしたのは旧約聖書の「出エジプト記」。横暴な神がエジプトじゅうの第一子を皆殺しにしたという、いわゆる「過越（すぎこし）」である。

クライマックスに旧約聖書のモチーフが持ち込まれたのには理由がある。『リターンズ』冒頭ではペンギンが籠に入れられて下水に流されるが、これは旧約聖書のモーセ誕生のエピソードが下敷きとなっている（『ウィロー』のオープニングも同じところから着想している）。『リターンズ』には「出エジプト記」のどす黒いパロディという側面もある。

キャスティングはひとつの例外を除いて、それほど難航しなかった。マイケル・キートンの続投はすぐに決まった（ギャラも大幅にアップした）。ダニー・デビートがペンギンを演じることは、脚本段階でほぼ確定していた。クリストファー・ウォーケンの起用については、「あの人、怖そうだからなあ」とバートンがためらったが、「何言ってんの、マックス・シュレックは怖いキャラクターなんでしょ！」とキャスティング担当が一喝して出演が確定。撮影現場のウォーケンはきわめて紳士的にプロフェッショナルに仕事をこなし、バートンは胸をなでおろすと同時に深く感銘を受けた。

問題になったのはキャットウーマン。もともとキャットウーマン役はアネット・ベニングに決まっており、衣装も含め準備が着々と進められていた。が、ある晩、ベニングがバートンに電話をしてきて降板したい旨を伝えた。妊娠してしまったというのだ。

ぽっかり空いたキャットウーマンの座をめぐって、ハリウッド中の女優が殺到した。マドンナ、エレン・バーキン、スーザン・サランドン、ブリジット・フォンダ……ラクエル・ウェルチまで名乗りを上げた。

ご存じショーン・ヤングの「キャットウーマン騒動」もこのときに起きた。ショーン・ヤングは手製のキャットウーマンの衣装を着てスタジオに乗り込み、「あたしがキャットウーマンよ！」と絶叫、警備員につまみ出されたほか、テレビのトークショーにも同じ衣装で出演、話題をさらった。「プッツン女優」ショーン・ヤングの奇行をタブロイド紙は面白おかしく報じたが、ヤングにもそれなりの事情はあった。一作目でキム・ベイシンガーが演じたヴィッキー役に、当初ヤングがキャスティングされていたという経緯があったからだ。事故による怪我で超話題作のメイン・ロールを逃したヤングが「今回こそは！」と鼻息を荒くするのも致し方ないことだった。

ショーン・ヤングの思惑をよそに、キャットウーマン役は最終的にミシェル・ファイファーにオファーされた。ヤングは「ハリウッド上層部の陰謀よ！」と抗議したが、「そんな陰謀なんてどこにもなかった。ぼくは役にあった人を選んだだけだ」とバートン。

バートンは「映画をよりパーソナルなものにするために」旧友にも声をかけた。オナニー事件で干されていたピーウィー・ハーマン（ポール・ルーベンス）である。ピーウィーはペンギンの父親コブルポットとして映画の冒頭に登場する（コミックのペンギンと同様、モノクルをかけてシガレットホルダーをくわえている）。脇に控えるコブルポット夫人を演じたのはダイアン・サリンジャー。サリンジャーは『ピーウィーの大冒険』でヒロインのウェイトレスを演じていた女優で、つまりペンギンの両親はどちらもバートンのデビュー作の登場人物である。一瞬しか映らないがコブルポット家の侍医を演じたスチュアート・ランカスターは『シザーハンズ』にもチョイ役で出ていた。ランカスターは『ファスター・プッシーキャット キル！キル！』や『スーパー・ヴィクセン』など、ラス・メイヤー作品の常連でもある。

『バットマン』はロンドンのスタジオを使っていたが、『リターンズ』の撮影拠点はロサンゼルス。ワーナーとユニバーサルの巨大なサウンドステージに、誇大妄想的なゴッサム・シティのセットが次々と建造された。プロダクション・デザイナーのボー・ウェルチはアール・デコとロシア構成主義が入り交じった「バートン＝シュマッカー版ゴッサム・シティ」の景観イメージを『リターンズ』で決定づけた。教会堂などややヨーロッパ風味が取り入れられた一作目より、『リターンズ』では「アメリカンな感じ」が強調された。シュレック・デパート前の広場はニューヨーク、ロックフェラー・センター前の広場がモチーフになっているし、幼子ペンギンが捨てられる公園もセントラル・パークを模して作られている。セリーナ・カイルが暮らすアパートも「ニューヨークの典型的な狭いアパート」に見えるよう工夫されている。

巨大なセットを使ったファンタジー映画にはありがちな現象だが、『リターンズ』も閉所恐怖症的な感覚をもたらす作品だ。セット自体がいくら巨大でも、空や遠方が映る「ヌケの画」が不足しているからだ。加えて、『リターンズ』には昼のシーンが少なく、あっても人工の照明で照らされた「絵画的な」ものだったので（ペンギンの墓参りの場面など）、映画全体が箱庭の中で窒息しそうに見える。が、同じような「セット映画」でも、『リターンズ』の場合は『フック』などと違い、その圧迫感や息苦しさが効果をあげている。どん詰まりの街で、行き詰まり、発狂したキャラクターが跋扈する物語にアイマックス仕様でだだっ広いだけの風景など不要だ。

美術セットや衣装は、キャラクターの内面と常に対応するよう、注意深く設計された。セリーナ・カイルの部屋は「女の子らしい」ピンク色に塗られているが、そのピンクは色あせ、くすんでいる。象徴的な死をとげたセリーナはその部屋をスプレーで真っ黒く塗りつぶす。劇中セリーナはシュレックに窓から突き落とされるが、その後のシーンで額に銃痕のようなものが見える。シュレックがセリーナの額を撃ちぬく場面があったからだ。そうやって殺されたセリーナが神秘的な猫の呪力でキャットウーマンとして蘇る、という設定だったが、さすがに脳天を撃ちぬかれて復活するという展開は受け入れられないのでは……という判断でその場面はカットされた。しかし、このことを踏まえてみると落下後のセリーナの混乱ぶり、記憶の曖昧さなどに「ゾンビ感」があることが分かり、より深く理解できると思う。

シュレック・デパートのシンボルはフェリックスそっくりの猫ちゃんマーク。「だってそうだろ」とバートンは言う。「あくどい企業は、たいてい超かわいいキャラクターでみんなの目を欺くんだ」。

シュレック親子は一九二〇年代のアメリカの大富豪のようなファッションで登場する。『リターンズ』の時代設定は非常にあいまいで、パトカーや警官の服装、セリーナのアパートの留守番電話などが一九七〇年代〜八〇年代初頭を思わせる一方、一九四〇年代〜五〇年代っぽい群衆、一九三〇年代風のサーカス・ギャング団など、いろんな時代がごたまぜになっている。「混乱と退廃の街ゴッサム」を、こうした豊かなディテールがビジュアル的に盛り上げている。単にシカゴの風景を垂れ流して「ゴッサムでございい」と言いつのる映画とは、画面の豊穣さが違うのだ。

どこまでも人工的で「セット的」な『リターンズ』のビジュアルは、といって「コミック的」もしくは「カートゥーン的」でありさえすればいい、という考え方には基づいてはいない。バートンによれば「映画には内容に応じたリアリティのレベルがある」。「コウモリの扮装をしたヴィジランテが普通に歩きまわるためには、それに応じた背景が必要なんだ」。もっと言えば、『リターンズ』はバートンが愛してやまないドイツ表現主義の映画に近い。「自然主義的リアリティ」とは対照的に、表現主義はものごとを極端にデフォルメすることで、逆に本質を浮かび上がらせる。『リターンズ』は、というか「バットマン」自体、寓話的・神話的な物語であり、登場人物たちも自然主義的なキャラクターではない。ねじくれ、誇張され、デフォルメされた人間を描くのに、表現主義的なアプローチをとるのはまったく正しい。この一点において、クリストファー・ノーランのバットマン映画は根本的に間違っているとぼくは確信する。「単純な象徴主義だって、こういう映画では有効だ」とバートンは述懐する。「仮面舞踏会の場面だってそうだ。普段仮面をつけているキャットウーマンとバットマンだけが素顔で、ほかの人々は全員素顔を隠している。馬鹿馬鹿しいほど分かりやすいシンボリズムだが、そういうものが必要なんだ」。

キャラクターも同様だ。『リターンズ』が優れているのは、すべての主要な登場人物がそれぞれバットマンの投影になっているところにある。親を失い、洞窟で育った「鳥人間」ペンギン。ゴッサム一の大富豪として慈善家の顔を見せつつ、ひそかに計略をめぐらすマックス・シュレック。そして、トラウマ的な事件をきっかけに人格が崩壊し、仮面をつけて闇を跋扈するキャットウーマン……。『リターンズ』でバットマンは常に自分自身との対決を強いられている。本作はバットマンの内なる葛藤を「外部化して」

描いた寓話なのだ。

No.46 〈キャットウーマン〉という暗黒

それはまさにGOTHスピリットが顕現した瞬間であった。無情で酷薄な世界に自分の居場所はなく、苦しみにのたうち回りながら世間に合わせて生きる必要もない、と気づいた時、呪詛の叫びと共に一介の社長秘書セリーナ・カイルはキャットウーマンとなった。

闇に生を受けたキャットウーマンと、やはり社会から拒絶されペンギンに育てられたコブルポット。これにバットマンが加わった『バットマン リターンズ』は、さながら絶望と疎外のテーマパークだ。だが、極端な出自をそれぞれ持つペンギン（コブルポット）やバットマンよりも、キャットウーマンことセリーナの悲哀が身にしみるのはなぜだろうか。

『バットマン リターンズ』はぼくにとって最も重要な映画の一本である。この映画が内包する〈意味〉の豊かさ、この映画が観客に突きつけた問題提起の多様さは驚くべきの一連の「バットマン」映画など無に等しいと心の底から思う。

『バットマン リターンズ』は様々な見方のできる複雑な映画だが、キャットウーマンを中心に解釈すると、おそろしく悲劇的な〈恋愛映画〉の姿が浮かび上がってくる。

セリーナ・カイル（ミシェル・ファイファー）は街を牛耳る大実業家マックス・シュレック（クリストファー・ウォーケン）の秘書として登場する。シュレックは市長と懇意にしている大物で、権力と財力を兼ね備えた一種の超・男性だ。ウォーケンは軽快に演じているが、シュレックが男根主義を象徴するキャラクターであることは明らかだ。男社会そのもの、家父長制度そのものを体現しているといってもいい。映画ではシュレックがかつて妻を殺したことが示唆される一方、息子を溺愛しているさまも描かれる。シュレックにとって女＝妻は息子を生ませるための存在でしかなかったということであり、彼、あるいは彼の世界観は対等なパートナーとしての女性を必要としていない。

セリーナはそんなシュレックのもとで、おびえた小動物のように周囲の男たち＝権力者の顔色を窺いながら働いている。

『バットマン リターンズ』の時代設定は曖昧だが、他の多くのティム・バートン映画同様、一九七〇年代から八〇年代初頭にかけての時代感が意図的に強調されている。これは劇中に登場する車種、警察官の制服、またセリーナの家に設置された留守番電話機などで判別できる（『バットマン リターンズ』に登場する車は、ブルース・ウェインのロールス・ロイスなど一部を除いてすべて七〇年代と八〇年代前半のものが使われている）。

パワフルで性差別的で陰険な上司と、そのもとで働く女秘書という『リターンズ』のシュレック対セリーナの構図は、映画『9時から5時まで』（八〇年）を連想させる。『9時から5時まで』はまさに七〇年代終盤、「一定の社会進出を果たした」という体面で雇用された女たちが、実際のところ男社会に搾取され、いいように利用されている状況を描いたコメディである。『バットマン リターンズ』においてセリーナが置かれた立場はそういう時代と関連づけられている。

セリーナはなんとか認めてもらおうと、勇気をふりしぼってシュレックら大物が集う会議で発言するが、それは男たちに嘲笑されるだけの結果しか招かない。そこにシュレックが追い打ちをかける。冗談めかして「でも彼女が作るコーヒーは最高なんだよ」とシュレックは笑う。これが家父長制度にあぐらをかいた性差別

ンが救ったのだ。

そんなセリーナが、ある日バットマンに遭遇する。ペンギンが操る悪のサーカス団がゴッサム・シティの中心部で破壊活動を行ったとき、人質になったセリーナをバットマンが救ったのだ。

ここでセリーナにとって重要なことが二つ起こる。ひとつはもちろん〈バットマン〉という異質な存在に触れたこと。法に縛られず、暴力に暴力で立ち向かうバットマンは（このシーンでバットマンはサーカス団の一人を焼き殺している）、セリーナに馴染みの深い〈権力者〉とは別の〈力〉として立ち現れる。もちろんバットマンも見方によっては男根主義の最たるものではあるが、その〈男性性〉は『リターンズ』では奇妙なことに弱体化されている。それを象徴するのがバットマンのまとうバットスーツだ。一作目の『バットマン』のスーツは鍛え上げた筋肉をリアルにラバーで再現した外観のマッチョな仕様だった。ところが『リターンズ』のバットスーツは、同じく筋肉をモチーフにしているものの、デザインはアール・デコ調に様式化されたものだ。デザイン上、ゴッサム・シティの景観と整合性をもたせてあるのだが、この変更は視覚的にバットマンの〈男性性〉を薄める効果をもたらした。というか、様式化されたことによって中性的ともいえる雰囲気が醸し出されることになった。

バットマンに救われたセリーナは、突然現れた異質な存在＝バットマンにたじろいで、お札もうまく言えない。しかし、そこでもう一つ彼女にとって重要な発見があった。サーカス団の男が落としたスタンガンを見つけたセリーナは、ほくそ笑みながらそれを懐に収めるのである。このスタンガンは物語の終盤で重要な役割を果たすのだが、その意味するところは明らかだ。スタンガンはやはり七〇年代から八〇年代にかけて登場した護身用の武器で、一般に女性が暴漢から身を守る手段として知られている。セリーナは男社会に対抗する暴力装置を手に入れたのだ。

疲れはてて帰宅するセリーナ。だが家に帰っても彼女に安らぎは訪れない。留守番電話に入っているのは「素敵な男性上司をメロメロにさせる」香水のセールスコールと、「早くいい人を見つけて家庭を持て」とせっつく母親からの電話。絶え間ない男社会からの圧力が彼女を日々蝕んでいることが分かる。

セリーナの部屋はピンクで統一された、古びたアパートである。内装や家具は、かわいらしい少女趣味的なもので埋めつくされている。しかしよく見ると、天井近くにそぐわない巨大な鉄製の梁が突き出しているではないか。目立たないようピンク色に塗装されてはいるが、リベットが打ち込まれた無骨な鉄骨は〈少女趣味的〉な部屋にいかにもふさわしくない。この鉄骨もゴッサム・シティの景観と調和するものだが、同時にセリーナの内面を象徴する自室に、男根主義的な〈男社会の論理〉がくさびのように打ち込まれていることをビジュアルで表現したものと見ることもできる。『バットマン　リターンズ』に詰め込まれた意味や象徴の豊かさは、こうした細かなディテールにまで及ぶ。セリーナ・カイルが表面的にも内面的にも〈男社会〉に痛めつけられた犠牲者に他ならないことが、こうして示される。

そんな彼女がある晩、偶然シュレックの陰謀に気づいてしまう。シュレックはゴッサム・シティに新たな発電所を建設する計画をぶちあげているのだが、これは発電所とは名ばかりでその実ゴッサム・シティのエネルギーを逆に吸い上げるための設備である。それを使ってシュレックが何をするつもりだったのか映画では明示されないが、「息子のためだ」とシュレックは言う。ゴッサム・シティのエネルギー供給を意のままに操れる環境を手に入れられれば、街の生殺与奪権はシュレックのものになるわけで、その強大な権力を息子に譲渡したいということだろう。権力（パワー）のための発電所（パワー・プラント）というダブルミーニングである。

セリーナが陰謀に気づいたことを知ったシュレックは彼女を殺害する。

完成した映画では、シュレックがセリーナをデパートのペントハウスから突き落とし、地上に落下したセリーナは集まってきた猫たちから不思議な力を与えられて蘇る。セリーナの生死は映画で観る限り曖昧だ。

しかしカットされた場面では、シュレックはセリーナの額を拳銃で撃ちぬいていた。映画版で、地上に落ちたセリーナの額に弾痕のような傷があるのはそのためだ。セリー

ナ・カイルはマックス・シュレックにピストルで撃たれて死亡したのである。

セリーナが突き落とされる寸前、キャットウーマンの予兆が画面に映る。暗いオフィス内でシュレックが迫るとき、不気味さを強調する下からのライティングが二人の顔を照らし出すが、このとき、セリーナの眼鏡が下からの照明によって彼女の額に大きな影を落としている。その影が、テレビ版『バットマン』のミス・キャットのマスクの形そっくりに見える。神経の行き届いた照明とセッティングがなければあり得ないことで、『バットマン リターンズ』がいかに念入りに撮られているか、よく分かる。

カット場面において、彼女が弾丸に撃ちぬかれるのはもちろんレイプのイメージを投影しているからだ。しかし、それがカットされてなおセリーナが死ぬ場面はレイプとして演出されている。セリーナが突き落とされたシュレック・デパートは『ブレードランナー』の警察署と、またその元ネタとなった『メトロポリス』に登場する支配者フレーダーセンの摩天楼を意識したデザインだが、大きな違いが一つある。『メトロポリス』と『ブレードランナー』のビルは上部がフラットになっているのに対し、シュレック・デパートのてっぺんには店のマスコットの猫のキャラクターが巨大な立体像で据え付けられていて、これがゆっくりと回転している。猫の顔はマンガ的にデフォルメされており、ほぼ完全な球形。長い塔の先端に球形の亀頭。シュレック・デパートは構造自体が男根そのものなのだ。落下したセリーナは雪の降り積もるアスファルトの歩道にたたきつけられ、死体となって横たわる。その様子が真上からのアングルで捉えられ、倒れたセリーナの姿があたかもレイプの被害者のように見える。ダメ押しで弾丸が貫いた額の穴から血が一筋流れ落ちている。

〈ゾンビ〉として復活したセリーナは、朦朧とした意識のまま惰性的にアパートへと戻る。フラフラと部屋に入り、ミルクをがぶ飲みするセリーナ。すると電話がかかってくる。留守番電話が応答する。電話はまたもや香水の宣伝だった。「この香水をつければ素敵な男性上司からディナーのお誘いがあること間違い無し」。セリーナは男社会の犠牲者として映画に登場すると書いたが、この電話のメッセージでついにセリーナは崩壊する。

象徴的にレイプされ象徴的に殺された彼女は、この電話による一種のセカンドレイプで完全に壊れてしまう。絶叫してミルクを投げつけ、これまで集めてきたかわいらしい少女趣味的なインテリアや服をずたずたに切り裂くセリーナ＝キャットウーマンの場面は『バットマン　リターンズ』の中でも白眉だ。スプレーが吹きつけられた部屋の壁は一瞬で真っ黒に塗りつぶされる。この場面でティム・バートンはドールハウスを効果的に使っているが、バートンはドールハウスのメタファーが気に入っているとみえて、たとえば『マーズ・アタック！』には崩壊した建物の壁がごっそりなくなっていて実物大のドールハウスに見える、というシーンがあった。

セリーナは廊下に据え付けてあったピンクのネオンサインを叩き壊し、もともと「HELLO THERE（やあ、こんにちは）」だったメッセージが「HELL HERE（ここは地獄だ）」になる。セリーナが置かれた真実の状況を端的に示した見事な演出である。そしてセリーナはミシンに向かうと、熱にうかされたようにキャットウーマンの衣装を作り始めた。

キャットウーマンの衣装もまた、セリーナ＝キャットウーマンの内面を反映している。ここには相反する二つのメッセージが込められている。体にぴったりとしたエナメル／ラバーの衣装は大変セクシーなもので、また戦闘には不向きなハイヒールを着用しているることから分かるように、キャットウーマンの衣装に男たちの望むセックス・オブジェクトとしての一面があるのは間違いない。一方で、その色はどこまでも真っ黒で（テレ

ビやコミックではキャットウーマンの衣装はパープルだったりグレーだったりする）、さらに重要なことには全身が縫い目だらけである。これはどういうわけなのか？　キャットウーマンが一度死んで蘇ったことがその理由だ。ティム・バートンが愛してやまない『フランケンシュタイン』の怪物も縫い目だらけだが、それは死者の肉体を継ぎ合わせて作った生き物だからである。キャットウーマンは男社会にずたずたにされて死んだのちに再生する。彼女は自らの残骸をかき集めて再生した怪物だ。衣装の全身に走る縫い目はところどころほつれているが、これも意図的になされたことである。ほつれた縫い目はセリーナ＝キャットウーマンの分裂を表している。

暴力的な鎧＝コスチュームのそこかしこから、生身の、か弱く、そして壊れたセリーナの内面がのぞいている。

セリーナがキャットウーマンになってすぐ、彼女が男社会と、そのメカニズムに組み込まれた社会的な存在としての〈女〉、どちらとも相入れないことが直接的に描かれる。キャットウーマンは道で暴漢に襲われている女性を助けるが、被害者の女性に向けるキャットウーマンの視線は厳しい。「アンタみたいな女が男につけこむ隙を与えている。いつもバットマンが現れて助けてくれるのを待っているだけなんだから」と言うとき、キャットウーマンは男性中心主義を補強しているのが社会的に押しつけられた性役割に疑問を持たない女性たちであると難じている。「システムに組み込まれた」女たちは、キャットウーマンにとって男と同じく敵でしかない。

さらにストレートな場面も存在する。シュレック・デパートに忍び込んだキャットウーマンは警備員二人と対峙する。警備員の「射殺するべきか、悩殺されるべきか？（I don't know whether to shoot or fall in love）」という軽口（キャットコール）に応えて、キャットウーマンはこう返す。「哀れな男たち……拳銃とチンポの区別がつかないのね（You poor guys...always confusing your pistols with your privates）」。

『リターンズ』におけるセリーナ＝キャットウーマンの魅力はその多面性にある。まるで〈猫の目のように〉くるくると彼女のキャラクターは変貌する。バイオレントで凶悪でありつつ濃厚にセクシャルな雰囲気を漂わせ、一方でか弱く人格が分裂した悲哀をにじませるキャットウーマンのキャラクターはおそろしく興味深い。

キャットウーマンは戦いを通じてバットマンと愛憎関係に陥るが、同時に実生活でセリーナ・カイルはブルース・ウェインに惹かれていく。ブルースはゴッサム一の大富豪でマックス・シュレックの知人としてセリーナの前に現れるが、これは本当に皮肉なことである。セリーナがキャットウーマンになったのは異質で強い個人としてのバットマンに出会ったからだが、そのバットマンの正体たるブルース・ウェインは彼女を絶望の、そして死の淵へと追いやった、富と財力を兼ね備えた男性中心社会の大物でもあるからだ。『バットマン リターンズ』の構造は重層的に入り組んでいる。

セリーナがブルース＝バットマンであることに気づく場面も重要だ。マックス主催の豪華な仮面パーティ会場でセリーナとブルースは再会する。パーティの参加者たち全員――バットマンやキャットウーマンといった闇の世界の住人以外――が仮面で顔を隠している中、ブルースとセリーナは素顔で対峙する。そしてヤドリギの飾りの下でキスを交わしたときに（西欧のクリスマスの習慣で、ヤドリギの下では誰とキスしても良いとされる）互いの正体を知る。二人がすでにバットマンとキャットウーマンとして一度キスを交わしていたからだが、正体が分かってなお、二人は確認作業を続ける。お互いの傷跡を指でなぞりながら。バットマンはセリーナのやけどを愛撫して「これはぼくが焼いた跡だ」と言う。セリーナは「この引っかき傷は私がつけたもの」と返す。続けてセリーナは「ということは、私たちは殺し合いを始めなければいけないということ？」と漏らすわけだが、ここでバットマンとキャットウーマンにとっては、互いを傷つけあうことが愛しあうこととイコールになっていることが分かる。これは凡百の〈恋愛映画〉をはるかに越える見事なメタファー表現であり、ティム・バートンの作家性が噴出した瞬間でもある。なぜかといえば、その〈傷つけあい＝愛しあうこと〉は、単にバットマンとキャットウーマンという個人の性質によるものではなく、その背後には性差別的な社会構造があり、さらに両者に共通する悲劇的な過去、死と再生の物語が塗り込められているからだ。ティム・バートンは『シザーハンズ』でも実に直截的に同様の〈傷つけあい＝愛しあうこと〉を表現していた。両手がハサミのエドワードと親密なハグを交わすことは致命的なのだ。

『バットマン リターンズ』はさらなる悲劇に向かって爆走する。シュレックを追い詰めたバットマンは彼に自首するよう促すが、キャットウーマンは聞く耳を持たない。「法など関係ないのよ、こいつには……それにあたしたちみたいな人間には」と彼女は言い放つ。シュレックに一度、殺されているからでもあり、また、ゾンビとして蘇った自分にとって生者の世界とその法が意味を持たないからでもある。キャットウーマンに戻るべき世界はない。

バットマンはこれを一蹴する。「それは間違っている」とバットマンは言う。「奴を警察に引き渡して、一緒に家に帰ろう。……ぼくらは似たもの同士なんだ、二人とも人格が分裂してしまっている……」。バットマンはキャットウーマン=セリーナをパートナーとして迎えたいと吐露してしまっている。

しかし、この申し出をキャットウーマンは受け入れることができない。

「あなたのお城みたいな家で、お伽話のように一緒に暮らせたらと……私も思う。でも自分に嘘はつけない！だからハッピーエンドのふりはよして頂戴」

キャットウーマンが「自分に嘘はつけない」とはどういうことか。キャットウーマンは叫ぶ。

「私はお前（マックス）に殺され、バットマンに殺され、ペンギンに殺された……三回殺されたけど（猫には九つの命があるとされているため）、私を本当に殺せるだけの弾丸は銃に残ってるの？」

キャットウーマン＝セリーナがブルースの申し入れを受け入れられないのは、彼女が既に死んでいるからだ。『バットマン リターンズ』のキャットウーマンは死の世界の住人で、言ってみればレイプされ殺害された女の霊の集合体のようなものだと言える。自分を歪め破壊し殺した男社会に復讐するため死者の中から蘇ったセリーナには、もはやセックスも生活も未来もない。だからバットマン＝ブルースの提案は偽りの気休めとしか響かないし、実際、セリーナが〈恋愛〉の帰結としての〈セックス〉を受け入れることとは不可能だ。なぜならセックスは生の悦びの象徴であり、既に死んでいるセリーナには最早無縁のものだからだ。

『バットマン リターンズ』が凄まじいのは、このように生者と死者の境目を飛び越えて、絶対に通じ合えない断絶と孤独を描き出したからだとぼくは思う。そこには、世界各地で語り継がれてきた死者と生者にまつわる悲劇的な神話が見え隠れしている。これは究極の悲恋だ。

もうかわいいものなんかいらない。黒く、黒く、黒く塗りつぶして。今ここが地獄だ（〝HELL HERE〟）と自覚して全てを呪い、夜に生きる。このキャットウーマンの暗黒はもちろん、ティム・バートンの暗黒でもあり、ピーウィーの陽気な絶望（『ピーウィーの大冒険』）やエドワードの苦悶（『シザーハンズ』）とも相通じる、ねじまげられた魂のあり方だ。貴様たちの世界なんかこっちから願い下げだ！ みんな死ね！ と、

『マーズ・アタック！』の火星人も叫んでいたのではなかったか？

No.47　あとがき

本書の内容は、ここ十余年に渡って雑誌『映画秘宝』などに書いてきた「映画にまつわる文章」から選ったものである。なかには映画評もあれば、コラム、あるいは呪詛のようなものもある。

と書いていて気がついたが、自分の文章はそのほとんどが呪詛なのではないかと思う。異議の申し立てといってもいい。

あとがきから先に読む人もいると思うのであらかじめ書いておくと、教科書的に「正しい」情報や知識を求めている人には、本書は向かないだろう。この本は、歪でねじれた映画についての、まるで「政治的に正しくない」文章で構成されている。

それで良いのだと思う。文中でも繰り返し書いているように、ぼくは硬直した命令としての「政治的正しさ＝ポリティカル・コレクトネス」というものの価値をあまり認めていない。むしろ積極的に嫌っているといってもいい。確かに「政治的正しさ」を希求する姿勢自体は〈進歩的〉だし、歓迎すべき精神の変化をもたらすものなのかもしれないが、一方で「政治的正しさ」は唾棄すべき清廉潔白さの強制ともなりうる。清廉潔白であること、つまり自分がそうであると信じ込むことは、愚かさや不潔さ、残酷と恐怖にまみれた複雑な世界を否定することだ。であれば「政治的に正しくない」との誹りを受けることについて、何をためらう必要があるだろう。

ありがたいことに、映画の世界にはまだ「政治的に誤っている」ことを自ら公言し、ニヤニヤ笑いながらショッキングな映像を観客に突きつけてくるような作品が数多くある。低予算映画からハリウッドの大作まで、そうした素性の悪い映画にどれだけ救われたことか。度を越した暴力や残酷、底意地の悪い皮肉な視点、圧倒的な力に無謀に立ち向かう頭の狂った主人公たち……こうした全てがぼくを勇気づけ奮い立たせてくれる。彼らはささやく。「俺たちは〈政治的に間違っている〉かもしれないが、だから何だっていうんだ。そんな〈正しさ〉などこっちから願い下げだ」と。

そして軽薄なテレビのレポーターを轢き殺したフランケンシュタイン大統領は、笑顔を浮かべてかつての「デス・レース」のコースを地平線に向かって去っていったのである。

本書をまとめるにあたって、また初出の原稿を書くにあたっては多くの人々にご助力頂いた。十数年前、雑誌『映画秘宝』に誘ってくださった町山智浩氏、および本書も含め長年に渡り編集者として常に最良のサポートをして頂いている田野辺尚人氏には特に感謝を捧げたい。また、単行本版の帯に推薦の言葉を頂いた深町秋生氏にも深く感謝する次第である。到底不可能と思われたヤコペッティのインタビューが実現したのは現在日活のプロデューサーとして辣腕を振るう千葉善紀氏のおかげである。『ロッキー・ホラー・ショー』の記事と「野蛮と残酷の世界映画史」はそれぞれ木部シンヤ氏とギンティ小林氏にご助力頂いた。また友人・知人も含め、沢山の方々からの絶え間ないお力添えには感謝してもしきれない。その全てを網羅することは不可能なのでごく一部だけ、それも名前だけになってしまうがここに記しておく（順不同・敬称略）。柳下毅一郎、パトリック・マシアス、中原昌也、大場渉太、大畑晃一、宇多丸（ライムスター）、西村喜廣、井口昇、山口雄大、ヒロモト森一、水道橋博士、園子温、古澤健、ジャンクハンター吉田、ノーマン・イングランド、木南麻樹、てらさわホーク、高橋ターヤン、ザ・クレイジーSKB、神取孝全、小野寺生哉、映画秘宝編集部など。

また、イカした装丁を担当して下さった田中秀幸氏、繰り返しになるが怒濤の編集作業で多大なご迷惑をおかけした田野辺尚人氏にも改めて感謝したい。

解説　解放のサタニスト

田野辺尚人

高橋ヨシキは映画評論、デザインをこなすサタニストである。ここで指すサタニストとは薄いオカルト嗜好者や皮肉な露悪趣味を嗜好する者を意味する言葉ではない。アントン・ラヴェイが主宰する悪魔教会の考えに賛同する思想者としてのサタニストだ。サタニストとして高橋ヨシキが批判・攻撃する対象は数多いが、その最たるものはアブラハム宗教だと記憶している。ユダヤ教、キリスト教、イスラム教に通じる、融通の効かない原理主義宗教の価値観だ。「善である以上、何々しなくてはならない、何々すべきなのだ」という硬直したものの考え方を高橋ヨシキはとても嫌う。それは本著の後にスモール出版から刊行されることになる『高橋ヨシキのシネマストリップ　戦慄のディストピア編』で語られた反ユートピア映画批評の姿勢にも連なっている。ジョージ・オーウェルの『１９８４年』について、ことあるごとに触れる機会が多いのは全体主義への異議申し立てであると同時に、高橋ヨシキが常に魂の自由を目指しているからだと思う。この大前提をもとに、主に「政治的に正しいとは言えない」映画ばかりを論じた『悪魔が憐れむ歌』をお読みいただけると幸いである。

本著は『公式版　サウスパーク・コンプリート・ガイド』（洋泉社）、『アイアン・スカイ』ノベライズ、怪奇短編集『異界ドキュメント　白昼の魔』（共に竹書房）に続く高橋ヨシキ自身の単著にして初の本格映画評論集となる。申し遅れたが、筆者は本著の元となった『映画秘宝』での連載の編集を担当している。竹書房で出した『アイアン・スカイ』と『白昼の魔』も編集したので、この時期はずっと高橋ヨシキ番をしていた。竹書房での出版物については作家の平山夢明（ゆめあき）から「ヨシキに小説を書かせるんだよ」と新宿のビアガーデンで言われて関わった。

毎月『映画秘宝』に掲載される高橋ヨシキから送られてきた原稿を整理してストックを作っておいた。最初の映画論集にはやはり相当のインパクト＝価値あるショックが必要と考え、まずは手元にある原稿をヤコペッティのインタビューを頭に置き、暴力と残酷、迷信が生み出すショックの価値を論じていく流れを作っていった。あとがきに高橋ヨシキ自身も記すように、ここでまとめられた映画たちはいずれも「政治的な正しさ」からすれば目を背けたくなるかもしれないキワモノ映画がメインだ。この本の刊行は二〇一三年で、ポリティカル・コレクトネスについて世間の圧力が強くなり始めた時期だった。第1章に収められた「モンド映画と『ザ・コーヴ』」は和歌山県太地町（たいじちょう）でのイルカ追い込み漁のドキュメンタリーがアカデミー長編ドキュメンタリー賞を受賞し、日本で喧々諤々の論争が起こった際に書かれたものだ。イルカ漁は日本独自の文化だから守るべきとか野蛮な殺戮に変わりはないのだから中止だといった単純な善悪二元論に落ちることなく、『ザ・コーヴ』は「政治的な正しさ」に縛られた中途半端なプロパガンダ映画なのだと真っ当なスタンスを表明している。世において賛否分かれる映画は大抵「どっちにつくか?」と白黒はっきりさせるような姿勢が求められるが(それは社会だけでなく、読者からも)、高橋ヨシキのこの一文は政治的な振る舞いに媚びることなく、モンド映画というフィルターを当てはめることで冷静に自由な視点からの批評となった。このテキストが掲載された同じ号ではルポライターが実際にイルカの肉を食べに行くという企画も行ったのだが、これも面白半分ではなく「モンド映画と『ザ・コーヴ』」というスタンス表明のしっかりしたテキストを得たがゆえにできたものだった。ポリティカル・コレクトネスがより肥大している現在の価値観からすれば悪趣味と思われるかもしれないが、当時はまだそれくらいの余裕はあった。

本書で賞賛され貴重なインタビューを掲載することができたイタリアの映画作家ヤコペッティの価値観、すなわち世界中の風習を見世物として等価に批評する目線の正当な後継者として高橋ヨシキは健筆を振るう。ここに収められたテキストは二一世紀に入ってからのものだが、二〇世紀の終わり頃、彼は自作のホームページ「インフェルノ・プリズン」をメインに活躍していた。そこではモンド映画のみならず女囚映画やナチスプロイテーションといった見世物映画、世界中で騒ぎになったジョンベネちゃん殺人事件やコロンバイン高校銃乱射事件についての記事が満載だった。現在では閉鎖されているが、当時必要とされていたショック・バリューに満ちたサイトだった。それは今も必要とされているものなのか？　という疑問もあるだろう。この二〇年の間で映画をはじめ様々なものの価値観が恐ろしい勢いで塗り替えられていったからだ。殺人事件をめぐる記事でも同じことが言える。本書第2章に収められた「意志の勝利　コロンバイン事件」の初出は不定期刊行していた実録殺人研究ムック『マーダー・ウォッチャー』（高橋ヨシキは本シリーズのカバーアートも担当した）に発表されたものだが、該当号はいくつもの自治体の教育委員会から有害図書指定を食らった。少年による大量殺人事件を肯定的に扱っているから、という但し書きのあるファックスが届いたときは我が目を疑った。高橋ヨシキの書いた血が滲み出すような一文を読んでいないのだろうかと思った。「意志の勝利　コロンバイン事件」をお読みになった方ならば、偽善を憎み、潔癖なまでの理想にがんじがらめになっていき、ついには世界に戦争を挑んだ少年の心のしんどさに寄り添いながら事件を解明していく高橋ヨシキの論と言葉の力強さをすでにご存じだろう。大量殺人という反社会的なテーマについて、高橋ヨシキは膨大にリサーチし、自らの言葉で日本語に置き換え、避けることのできなかった悲劇の深淵に降りていく。

この文章の過激な言葉は主犯の少年が実際に書き残した生の証拠であり、脚色は一切ない。追い詰められた孤独な魂の問題に忠実であろうとするその姿勢は、後に『サタニック人生相談』として、高橋ヨシキの新たな活動の源になったと個人的に思う。

本書に収められたテキストが書かれた時期と現在とでは様々な価値観が変わっている。これは繰り返し書いておく。この変化に合わせて高橋ヨシキもまた変わっているのか？その答えは否である。先に記したように彼はサタニストの価値観をもって言論活動を続けている。取り上げるテーマはより広くなり、メールマガジン『クレイジー・カルチャー・ガイド！』はじめ、高橋ヨシキの発信力と影響は本書刊行時からさらに強いものになっている。その表現意欲はおさまることなく、遂には『激怒』で本格長編映画監督としてデビューすることになる。このパワフルな活動の根底にはアントン・ラヴェイが指し示した個人の自由意志が潜んでいる。ラヴェイは「あらゆる神は存在しない。あらゆる事態は自らが解決するものだ」とした。この自由意志にのみ高橋ヨシキは忠実である。世間の価値観がより息苦しく同調圧力を強めている今こそ、彼の紡ぐ言葉は多くの読者を解放するだろう。その語気の強さゆえ誤解を招くケースもあるかもしれないが、この時代との齟齬はやがて乗り越えられるだろう。

本書が世に出た二〇一三年の価値観はここ数年に起きた悪趣味文化批判の対象になるものかもしれない。この災厄の時代、疫病の流行や社会不安によって、映画における交通事故表現の素晴しさや世界的なエロ本創業者の人生よりも、早急に求められている言葉が実際にあるだろう。だが我々はあらゆることから自由でありたいと願う以上、すべての物事が見世物となっている現実を知るべきなのだ。交通事故と戦禍と日々の暮らしは地続きになっている。そこで個人の自由を守り、勝ち取るには上品も下品もない。すべてが等価だ。『悪魔が憐れむ歌』は暗い世界（それは映画館の闇、夜ふかし中の自室でもある）の側からそう訴え続けている。

（たのべ・なおひと　編集者）

初出一覧

第一章　この野蛮なる世界　This Violent World

No.1　犬の世界　『映画秘宝』「モンド・ヤコペッティ・コレクション」ブックレット　２００１年６月

No.2　ヤコペッティ　インタビュー　『映画秘宝』２００１年9月号

No.3　モンド映画と『ザ・コーヴ』『映画秘宝』２０１０年8月号

No.4　『カリギュラ』帝国ヴァージョン　『映画秘宝』２００７年9月号

No.5　追悼ボブ・グッチョーネ　『映画秘宝』２０１１年4月号

No.6　『コーマン帝国』『映画秘宝』２０１２年1月号

No.7　『デス・レース２０００年』『映画秘宝』２００８年12月号

No.8　『ウィークエンド』『映画秘宝』２００２年6月号

No.9　交通事故表現はヤバイ　『映画秘宝』２００７年1月号

No.10　『アポカリプト』『映画秘宝』２００７年5月号

No.11　『３００〈スリー・ハンドレッド〉』『映画秘宝』２００７年6月号

No.26 『ブレードランナー』『映画秘宝』2008年3月号
No.27 『ブレードランナー』カットシーン研究 『映画秘宝』2008年2月号
No.28 メビウス 『映画秘宝』2012年6月号
No.29 追悼ケン・ラッセル 『映画秘宝』2012年2月号
No.30 『ロッキー・ホラー・ショー』（協力：木部シンヤ）『映画秘宝』2001年1月号
初心者のための『ロッキー・ホラー・ショー』劇場での注意事項／映画開始後 『映画秘宝』2001年1月号
No.31 追悼マイケル・ジャクソン 『映画秘宝』2009年9月号
No.32 意志の勝利 コロンバイン事件 『別冊映画秘宝 マーダー・ウォッチャー 殺人大パニック‼』
No.33 『ハロウィン』ワークプリント版 『映画秘宝』2007年11月号
No.34 『ロード・オブ・セイラム』『映画秘宝』2013年6月号
No.35 チャールズ・マンソン入門 『映画秘宝』2006年8月号

第三章 不健康な精神 Unwholesome Spirits

No.36 『パッション』は『ヘルレイザー』だ 『映画秘宝』2004年6月号
No.37 『サウスパーク』と『パッション』『映画秘宝』2004年6月号
No.38 最終報告『エクソシスト』『映画秘宝』2006年4月号

No.39 『エミリー・ローズ』事件 『映画秘宝』2006年4月号
No.40 最悪の冗談レイプシャワー 『映画秘宝』2008年2月号
No.41 『デビルスピーク』『映画秘宝』2007年5月号
No.42 むきだしの愛 『映画秘宝』2009年2月号
No.43 異常純愛映画 『映画秘宝』2007年5月号
No.44 『スウィーニー・トッド』『映画秘宝』2008年7月号
No.45 メイキング・オブ『バットマン リターンズ』『別冊映画秘宝 アメコミ映画完全ガイド ダークヒーロー編』
No.46 〈キャットウーマン〉という暗黒 『水道橋博士のメルマ旬報』16号、『映画秘宝』2003年5月号を加筆再構成

索　引

・英数→五十音の並び
・映画タイトルは邦題順に並べた
・邦画に関しては監督のみの記載
・人名は名字→名前の並び
・（　）内は特に記載のない限り原題／監督を示した

作品タイトル

人物・キャラクター